Uns traf der Schlag

AF222156

Von Gregor Bergmann erschien:

1994 „Das Rad hat sich gedreht - Mit dem Fahrrad von Holland nach Litauen“
2006: „Mit Kopf und Herz – Mein weiter Weg ins Leben“

Den Wind kann man nicht verbieten,
aber man kann Windmühlen bauen
(Holländisches Sprichwort)

Uns traf der Schlag

Wir haben alle daraus gelernt

Gregor und Renate Bergmann

Bibliographische Information Der Deutschen Bibliothek:
Die Deutsche Bibliothek verzeichnet diese Publikation
in der Deutschen Nationalbibliografie;
detaillierte bibliografische Daten sind im Internet
über http:// dnb.d-nb.de abrufbar.

©Gregor Bergmann
Ohweg 15, 21442 Toppenstedt
Tel.:04173/7129

Umschlaggestaltung: Vincent Bergmann
Grafiken: AWP Agentur für Werbung u. Produktion GmbH, Hamburg

Printed in Germany 2010

Herstellung und Verlag:
Books on Demand GmbH, Norderstedt

ISBN 978-3-8391-5320-8

Inhalt

VORWORT

Der Begriff „Aphasie“ ist leider zu einem festen Bestandteil der heutigen Gesellschaft geworden und bezeichnet eine Störung der bereits erworbenen Sprache (Sprechen, Lesen, Schreiben, Verstehen).
Man schätzt, dass jährlich ca. 80.000 Menschen in Deutschland neu eine Aphasie erleiden und dass die Aphasie zumeist im Rahmen des Schlaganfalls auftritt, eine der häufigsten Erkrankungen neben Krebs und Herzinfarkt.

Durch ihre Sprachprobleme haben Aphasiker Schwierigkeiten, ihre Gedanken und Gefühle auszudrücken und erkennen oft nicht, dass ihre Worte nicht ihren Gedanken entsprechen.
Aphasie verändert somit für den Einzelnen aber auch für die nächsten Angehörigen das ganze Leben.

Entscheidend ist, dass kein Aphasiker dem anderen gleicht.
So treten bei einzelnen Aphasikern unterschiedlichste Begleitstörungen auf (wie z.B. Halbseitenlähmung, Sehfeldausfälle, Schluckstörungen, psychische Auffälligkeiten, Antriebslosigkeit, erhöhte Reizbarkeit oder Konzentrations- und Aufmerksamkeitsstörungen). Außerdem hat jeder Aphasiker bezogen auf den schulischen Werdegang, den Beruf, den sozialen Status, die Interessen usw. seine individuelle Lebensgeschichte.
Dieses komplexe Gefüge macht es schwer, genaue Aussagen über Krankheitsverläufe der jeweiligen Aphasie (komplette Heilung, inkomplette Heilung, dauerhafte Schäden) zu treffen.

Diese Ungewissheit trug auch das Ehepaar Bergmann aus Toppenstedt in sich, als es hieß, dass Gregor Bergmann eine Aphasie erlitten hat.
Auf eindrucksvolle Art und Weise schildern Gregor und Renate Bergmann, wie die Aphasie ihr Leben verändert hat. Persönliche Kommentare (auch der Kinder) führen dazu, dass der Leser das Erlebte „mitfühlen kann“. Der Leser bekommt Einblicke in eine

Welt, die ansonsten sehr schwer von außen zu durchdringen ist; angefangen von der Ohnmacht nach dem akuten Ereignis, über die Anstrengungen in der Rehabilitation bis zur Ankunft und der damit verbundenen Unsicherheit im häuslichen Umfeld.

„Ich bin und bleibe Aphasiker“, schreibt Gregor Bergmann in dem vorliegenden Buch.

Diese Äußerung zeigt, dass es ein Leben mit Aphasie gibt.

Das Leben ist zwar anders aber wieder lebenswert.

Um das von sich behaupten zu können, braucht ein Aphasiker
die Willenskraft von Gregor Bergmann,
den Rückhalt der Familie Bergmann und der Mitmenschen
sowie die helfenden Hände der Rehabilitation.

Dr. phil. Volker Runge

NOCH EIN WORT ZUVOR

Wir haben gemeinsam an diesem Buch geschrieben,
mein Mann Gregor und ich.
Eingefügt sind Tagebuchnotizen und persönliche Gedanken von den Söhnen Thomas und Matthias, der Schwiegertochter Patricia, der Enkelin Lilith, Gregors Freund Kuno und von mir.

Alle diese Einfügungen sind kursiv gedruckt.

Gregor hat seine persönlichen Gedanken und Empfindungen in seinem eigenen Stil ganz selbständig aufgeschrieben, mit dem Wortschatz und dem Satzbau, der ihm nach erlittener Gehirnblutung inzwischen wieder zur Verfügung steht. Um den Lesefluss nicht unnötig zu behindern, habe ich nur manchmal ein Wort verbessert. Einige Wiederholungen oder Zeitfehler gehören zu seinen Spracheigenheiten.

Wir haben aus sehr vielen Übungsblättern einige abgedruckt. Damit möchten wir deutlich machen, wie unglaublich umfangreich der Weg eines Aphasiker ist, bis er wieder Zugang zu einem Wort, zu Sätzen, Zusammenhängen, Sinndeutungen und letztlich zu verbaler Kommunikation finden kann.

Gregors Krankheit und Heilungsverlauf kann nur ein Beispiel sein. Man muss bedenken, dass jede Verletzung des Gehirns andere Zentren beeinträchtigen kann. Jedes Krankheitsbild ist darum anders, jede Heilung verläuft anders, jeder Mensch ist anders. Man sieht es ihnen oft nicht von außen an, und es gibt viel Unkenntnis darüber.

Wir hoffen, dass unsere Aufzeichnungen Mut machen und eine Stimme sind, für die Vielen, die nicht mehr in der Lage sind, sich selber deutlich genug auszusprechen.

Renate Bergmann

1. NEURO-CHIRURGIE HH-ALTONA 03.–18. 02.1999

UNS HAT ALLE DER SCHLAG GETROFFEN

Eben noch gesprochen, gelacht, gegessen,...dann starke Kopfschmerzen, Erbrechen, und nun liegt er da, mein Mann. Reagiert er noch? Ich bin wie vom Donner gerührt. Hellwach! Plötzlich ist nichts mehr so, wie es vorher war.
Was muss ich tun? Wer kann mir helfen? Schnell den Notarzt rufen! Endlich kommen Helfer! Fragen, untersuchen, hantieren... Mein Kopf beginnt zu rasen wie die Suchmaschine eines Computers. Was ist jetzt los? Tausend Bilder tauchen auf: Schlaganfall..., Gehirnbluten..., Rollstuhl..., verzerrtes Gesicht..., Sprachverlust..., Haus verkaufen..., Pflegeheim...
Mit dem Auto fahre ich hinter dem Krankenwagen her. Krankenhaus Winsen: Aufnahme – Formulare – Krankenkasse. Nur ruhig bleiben, die richtigen Angaben machen! Computertomographie! Gehirnbluten! Verlegung in das Krankenhaus Hamburg-Altona.
Dann das lange Warten vor dem Operationssaal. Wie dankbar bin ich, dass unser Sohn Matthias mit der Schwiegertochter Patricia, die in der Nähe wohnen, mit mir warten, mit mir sprechen, hoffen und beten. Unser ältester Sohn Thomas und seine Frau Camilla können aus Berlin nicht so schnell kommen. Das Telefon ist unsere Brücke.
Nach Stunden endlich ein Arzt, noch im grünen Kittel, ein Gesicht, ein Mensch, der uns etwas Genaueres sagen kann: Man hat den Schädel eröffnen müssen. Gregor hatte ein faustgroßes Hämatom im linken Hinterkopf. Das Blut ist abgesaugt worden. Nun kann sich das zusammen gequetschte Gehirn langsam entfalten. „Sie müssen damit rechnen, dass Lähmungen zurück bleiben. Vielleicht kann er nicht mehr gehen. Wahrscheinlich kann er nicht mehr sprechen.“
Ich kann mich gut „zusammen nehmen“. Meine ganze Kraft nehme ich zusammen. Ich sage mir: Du musst vernünftig bleiben! Es nützt ja nichts, wenn du durchdrehst. Aber innerlich dreht sich

doch alles in mir. Mit einem Mal hängt alles von mir ab. Ich darf nichts vergessen, nichts übersehen.
Wen muss ich benachrichtigen? Verwandte, Freunde...
Wir hatten doch so viel geplant. Der Skiurlaub war gebucht, die Ski gestern mit der Bahn abgeschickt worden. Und was wird aus dem kleinen Laien-Theaterstück, in dem wir die Hauptrollen zu spielen hatten? Außerdem hatte Gregor versprochen, einen Vortrag zu halten über Ostpreußen. Was wird aus der Versicherungsagentur? Wer übernimmt den Vorsitz der ostpreußischen Landsmannschaft? Gerade gestern hatten wir einen großen Feldstein ausgesucht, der sollte mit einer Inschrift versehen und aufgestellt werden.
Es ist mir, als wären ganz plötzlich viele Fäden gerissen. Vorbei! Nein, er kann nicht! Er kommt nicht mehr! Es wird nichts mehr daraus! Ihr müsst Euch einen anderen suchen!
Und ich selber? Wie werde ich ihn wieder finden? Wird er noch derselbe sein? Ist zwischen uns etwas abgerissen? Werden wir uns noch gegenseitig verstehen können?
Die Zeit vom 03.02. – 18.02.1999, in der Gregor auf der Neuro-Chirurgie im Altonaer Krankenhaus lag, habe ich noch gut im Gedächtnis. Zudem habe ich damals Tagebuch geführt. Es war eine Zeit, in der wir uns alle ziemlich hilflos fühlten. Nur beobachten konnten wir. Tagsüber war immer jemand von uns da.

DER SCHLAG TRAF MICH MITTEN IM LEBEN

Ich war schon seit acht Jahren im so genannten „Ruhestand" und konnte zufrieden zurückblicken auf eine langjährige Dienstzeit als Polizeibeamter, blieb weiter ein aktiver und reger Mensch. Davon will ich erzählen, weil man sich sonst nicht so gut vorstellen kann, wie schwer mich der plötzliche Schlag getroffen, und wie er mich verändert hat.
Schon immer war ich sportlich aktiv und meinen schönen, geliebten Frühsport konnte ich als Pensionär regelmäßig täglich ausüben. Unserem großen, vielseitigen Garten konnte ich nun viel Gutes tun. Ich hatte kaum Muße, mich auf die alte Eichenbank zu setzen. Die Arbeit draußen machte mir Spaß. Am Abend gab es noch so manch anderes zu tun.

Meine Frau und ich hatten schon seit mehreren Jahren ein kleines Versicherungsmakler-Geschäft. So hatte ich vielerlei Besuche zu machen und unser kleines Büro zu führen. Daneben übte ich mehrere ehrenamtliche Tätigkeiten aus. Wöchentlich gingen meine Frau und ich zum Singen in den Kirchenchor. Zum Mitglied im Kirchenvorstand wurde ich auch gewählt, und so gab es schon wieder eine weitere Arbeit. Alle zwei Wochen traf ich mich mit einigen früheren Kollegen. Es wurde ein tüchtiger Doppelkopf gespielt. In unserem Dorf war ich auch aktiv. Ich bekam Kontakt mit Russland-Deutschen. Meine Frau und ich waren ihnen behilflich bei Behördengängen und Versicherungsangelegenheiten.
Im Frühjahr oder Herbst machten wir Bergwanderungen und in der dunkeln Jahreszeit flogen wir auf die schöne Insel La Gomera. Im Mai 1992 hatte ich mir etwas Besonderes vorgenommen. Es wurde eine Fahrradtour von der Maas/Holland bis nach Litauen Ich schrieb darüber ein Buch: „Das Rad hat sich gedreht“. Ein Jahr später fuhr ich wieder mit meinem Drahtesel von Hamburg den Elbwanderweg entlang bis nach Tschechien. Das Radfahren machte mir Freude. Als sich in unserer Umgebung eine Fahrrad-Gruppe aus älteren Menschen bildete, die „Weißkopf-Radler“, wurde ich gebeten, jeweils am Donnerstag eine gemeinsame Fahrradtour mit zu machen. Das war immer ein großer Spaß. Da ich ein gebürtiger Ostpreuße bin, blieb es nicht aus, im Heimatverband der Ost- und Westpreußen Mitglied zu werden. Aber schon nach einiger Zeit wurde ich 1. Vorsitzender dieses Verbandes. Natürlich war dies auch mit Arbeit verbunden. Da wurde in mir der Plan wach, in diesem Verband etwas Bleibendes zu schaffen. Ich wollte in der Kreisstadt Winsen einen Gedenkstein aufstellen lassen, der an die Heimat im Osten erinnern sollte. Ich machte mir viele Gedanken über die Inschrift und versuchte die anderen Ostpreußen zu begeistern. Mit einem befreundeten Steinmetz besahen wir uns zunächst geeignete Friedhofs-Steine. Leider fanden wir nichts Passendes. Am 2. Februar 1999 fuhren meine Frau und ich nochmals los, um einen großen schönen Feldstein zu suchen. Das war meine letzte Arbeit für die Landsmannschaft. Ich selber konnte meine Idee nicht mehr vollenden. Mich traf der Schlag!

Auch am 3. Februar 1999 begann für uns der Morgen wie üblich. Jeden zweiten Tag lief ich vor dem Frühstück meine 5 km durch die Feldmark und das nahe liegende Waldgebiet. Auch meine Frau hatte ihr eigenes Programm mit lockerem Lauf und Gymnastik sich eingeteilt. Zufrieden trafen wir uns vor unserem Haus. Gemütlich und in aller Ruhe setzten wir uns vor den Frühstückstisch. Gegen 9.30 Uhr spürte ich plötzlich Kopfschmerzen. Komisch, meinte ich zu meiner Frau: „Mir tut plötzlich der Kopf so weh.“ „Lege dich doch hin“, sagte sie. „Ach was“, sagte ich, „Am Vormittag habe ich mich noch nie hingelegt.“ Aber meine Frau drängte, und so legte ich mich auf die Couch im Wohnzimmer. Schon nach einer halben Stunde konnte ich die Kopfschmerzen kaum noch ertragen. Ich musste erbrechen und wurde ohnmächtig.

04.02. Intensivstation
Er ist unruhig, will zur Toilette. Offenbar hat der Blasenschmerzen. Ich rufe die Schwester. Wie hilflos jemand ist, wenn er nicht klar sprechen kann! Er braucht einen Fürsprecher, einen Dolmetscher. Der Katheter wird entfernt.
Er spricht vor sich hin: „Wie so etwas passieren kann?“ Der Geist arbeitet! Gott sei Dank!
Hoffentlich wird er wieder klar im Kopf. Der Sauerstoff-Schlauch wird abgenommen. Wenn er wenigstens noch mit uns sprechen kann....
05.02.99 Intensivstation
Gregor erkennt mich sofort. Er erkennt auch Matthias und Thomas, obwohl er die Namen verdreht. Er fragt mich etwas, aber er quält sich und sucht jedes Wort. Wenn ich zu ihm spreche, versteht er mich wahrscheinlich. Wir beobachten, dass er die Beine bewegt. Den rechten Arm benutzt er nicht normal.
Er guckt mich an und fragt: „Ich sehe nicht richtig. Warum bist du so schwarz?“ Ich frage den Stationsarzt: „Das Sehen kann geschädigt sein. Man kann es hier nicht genau untersuchen.“
Das Mittagessen wird gebracht. Fisch! Er riecht es. „Ekelig!“ Er mochte noch nie gerne Fisch. Das Essen macht ihm große Schwierigkeiten: Salatschüssel – Gabel - es ist alles zu kompliziert. Ich will ihm helfen. Er ärgert sich. „Lass mich doch!“ Er

will aus der Schüssel den Salat trinken. „Warum lässt du mich nicht?“ Er ist wütend. Ich könnte heulen. Joghurt und Löffel, - alles passt nicht zusammen. Er weiß nicht, wie er den Joghurt aus dem kleinen Becher bekommen soll. Er ist sehr ärgerlich. Jetzt will er gar nichts mehr. Stößt alles von sich. Er will jetzt nur noch schlafen.

HILFLOS, VERWIRRT UND SEHR MÜDE

Ganz langsam hatte ich meine Augen geöffnet. Komisch, dachte ich. Wo bin ich? Das ist doch nicht mein Bett? Aber ich bin so müde. Danach bin ich wohl wieder eingeschlafen. Wie im Geiste hörte ich eine Stimme. Wer ist das? Ich glaubte, es ist Renate. Noch eine andere Stimme hörte ich. Aber ich war zu müde. Ich wollte wieder schlafen, nur schlafen.

Irgendwann später merkte ich, dass ich in einem fremden Bett lag. Merkwürdig, alles weiß,...das war nicht mein Zimmer. Bin ich tatsächlich in einem Krankenhaus? Egal! Ich war zu müde! Erst nach einigen Tagen konnte ich mir in Abständen Einzelteile erklären, aber dann gingen meine Augen wieder zu und ich schlief weiter. Gelegentlich kamen Menschen an mein Bett, auch Renates Stimme hörte ich.

An diese Tage im Krankenhaus Altona fehlen mir viele Erinnerungsbereiche. Diese Zeit hat meine liebe Frau Renate damals aufgeschrieben und alles vermerkt.

Ich hatte Schmerzen und wollte unbedingt Wasser lassen. Immer wieder bettelte ich, um mir zu helfen. An andere Kopfschmerzen kann ich mich nicht erinnern. Nachts, aber auch am Tag habe ich den größten Teil geschlafen.

An einem der nächsten Tage hat unser Sohn Thomas aus Berlin mich besucht. Renate und Thomas zeigten mir Fotos. Ich sagte dann wohl. „Ja, das ist die Mutter, die Schwarzwald-Oma und das ist der..., der...“. Die Namen waren alle so schwer zu finden. Ich wollte nicht viel erzählen.

Am liebsten wäre ich wieder eingeschlafen. Die Tageszeiten oder die Uhrzeit waren für mich bedeutungslos. Es war mir alles egal.

06.02. Station 13

Gregor hat nichts gefrühstückt. Heute bekommt er wieder einen Blasenkatheter, weil er nicht Wasser lassen kann. Seine beiden Arme sind gut beweglich. Trotzdem umarmt er mich nur mit dem linken Arm. Er scheint sich Sorgen um die Zukunft zu machen.

Thomas ist aus Berlin gekommen: „Camilla sagt, man muss viel mit ihm sprechen und ihn selber zum Sprechen bringen, damit das geschädigte Gehirn wieder aktiviert wird. Gerade die erste Zeit nach so einer Gehirnblutung ist sehr wichtig. Je länger man wartet mit der Therapie, umso mehr Worte und Begriffe versinken in der Tiefe."(Camilla ist Sängerin, staatl. gepr. Atem-, Sprech- und Stimmlehrerin)

Mit Fotos wollen wir ihn zum Sprechen bringen. Er erinnert sich und findet viele richtige Namen. Aber er gebraucht viele Floskeln, die gehen ihm locker von der Zunge. Thomas testet sein Zahlengedächtnis. Es scheint für Gregor kein Problem zu sein. Sie üben mit den Fingern. Auch das Alphabet kann er aufsagen. Straßennamen sind problematischer. Tiere fallen ihm nicht viele ein, nur Pferd und Kuh. Thomas erklärt ihm, dass er in Altona ist, im Krankenhaus, im 13. Stock. Er wiederholt und übt: Al-to-na... Doch Gregor ist fixiert auf die Worte: „ordentlich, Fehler und erübrigen", damit meint er erinnern.

Ich gebe ihm seine Armbanduhr. Er stutzt, ich tippe auf seinen Arm: Wie spät ist es? Er guckt und erkennt langsam die Zeit. Dann schläft er wieder fest ein.

Er denkt angestrengt nach. Er will mir etwas ganz Wichtiges sagen. Er sagt einen sehr langen Satz ganz langsam, sucht nach jedem Wort, aber - nichts passt zusammen. Ich weiß nicht, was er meint. Er scheint es selber zu merken, wird unwillig und gibt auf. „Ich bin auch so müde!" und schläft sofort tief ein.

Ich saß später wieder allein im Bett. Mir wurde, wie jedem anderem Kranken das Essen gebracht. Dann saß ich im Bett, vor mir stand das Essen und ich hatte auch Appetit, aber wie konnte ich das Essen zu mir nehmen. Da standen viele Gegenstände: Löffel, Gabel, Messer, aber was bedeutete das für mich? Ob ich das Frühstück zu mir genommen habe? Ich weiß es nicht. Vermutlich gelang es mir nicht, und später wurde es wohl weggebracht. Aber

oft war ich ärgerlich, weil das Essen und alles so schwer für mich waren.
Immer wieder musste ich grübeln, was ich wohl früher falsch gemacht habe. Alle werden sagen: Er hat selber Schuld! Eine Frau ist einmal an mein Bett gekommen. Sie wolle mit mir etwas üben. Ich sollte mich an den Tisch setzen. Aber was sie mit mir gemacht hat, dass weiß ich nicht mehr. Ich sollte besser sprechen lernen und schreiben. Aber eigentlich war ich sehr müde.

09.02. Gregor bekommt jetzt Physiotherapie, Sprachtherapie und die Ergotherapeutin soll ihn testen.
Ich habe mit ihm geübt, die Hausschuhe und die Hose anzuziehen. Er konnte sich zuerst nicht daran erinnern. Er darf mit Begleitperson zur Toilette gehen (über den Flur). Ich zeige ihm das Klo, aber er weiß nicht mehr, was und wie er es mit dem Klopapier machen soll. Ich muss ihm alles zeigen. Ich bin erschüttert. Wie soll das bloß weitergehen? Ich beobachte, dass er auch nicht mehr weiß, wie man beim Waschen die Seife anfassen muss, wie er mit dem Rasierapparat umgehen soll. Manchmal erinnert er sich gleich an die alten automatisierten Handgriffe, die man ihm wieder zeigt: „Ach ja!". Wenn ich ihm helfen will, sagte er: „Ich bin doch nicht blöd!"
10.02. Es wird eine Angiographie gemacht. Dabei werden die Blutgefäße im Gehirn mit Kontrastmittel gefüllt und geröntgt. Ich darf dabei sein. Man findet keinen Anhalt für eine weitere Gefäßerweiterung, auch keinen Blutschwamm. Also bleibt die Ursache für die Blutung unklar.
Gregor muss viel nachdenken. Plötzlich spricht er über unsere Zukunft. Da haben wir beide auch zusammen geweint. Aber wir haben uns gesagt, dass er noch gehen kann und fernsehen und Radio hören, und dass wir in der Nähe auch noch Urlaub machen können, und dass er ja nicht geistesgestört ist. Wir haben auch gesagt, dass niemand Schuld an allem habe.

An einem Tag wurde ich auf einem Wagen gefahren. Dann fehlen mir wieder Teile. Später saß ich in einem schwach erleuchteten

Raum. Dann wurde ich plötzlich von hellem Licht bestrahlt. All das hat sicher sehr lange gedauert.
Einmal zur Nachtzeit musste ich zur Toilette, sah keine weitere Person, ging nach links den Flur entlang, wo zur rechten Seite die Toilette war. Jetzt konnte ich es alleine. Ich war richtig stolz und froh. An einem weiteren Tag sah ich einen mir unbekannten Mann, der neben mir auf einem gleichwertigen Bett lag. Er sagte, dass er morgen operiert würde. Ich konnte mir nichts vorstellen, auch sagte ich weiterhin nichts. Renate hat mit mir auch die langen Treppen des AK-Altona geübt. Am Anfang ging es recht mühsam, aber später klappte es schon gut. Ich durfte von meinem Bett, 13 Station, bis nach unten gehen. Renate ging neben mir und ich übte das Zählen dieser Treppen. Erinnern kann ich mich noch, dass im Parterre viele Menschen in mehreren Räumen standen. Beim Öffnen der Haustür kam mir sehr kalte Luft entgegen.
An einem Tag habe ich dieses Krankenhaus verlassen. Renate brachte mich auf die rechte Straßenseite. Ich erkannte unser Auto. Wir gingen bis zur Baustelle des Elbtunnels. Ich wusste wieder alles über den Elbtunnel. Aber es war kalt draußen. Wir blieben weiterhin auf Station 13. Hier befand sich ein Waschraum. Renate half mir und ich durfte endlich wieder in einer Badewanne gewaschen werden.

12.02. Die Fäden sind gezogen worden. Er darf baden und ich darf ihm dabei helfen.
Die Sprachtherapie begann mit: Tisch, Fisch, Nase, Vögel.... Er kann es nur mühsam.
Die Stationsärztin meinte, ich solle für ihn die Pflegschaft beantragen, damit ich alle Entscheidungen für ihn treffen kann. Sie sagt, er sei dazu nicht mehr in der Lage. Er könne ja nicht einmal mehr lesen und unterschreiben. Er könne ja nur noch drei Kreuze machen. Ich bin erschrocken, weil das Entmündigen bedeutet.
Habe mit Thomas gesprochen: Nein! Wir werden abwarten! Er muss jetzt auch bald aus diesem Krankenhaus in eine REHA - Klinik entlassen werden. Wir wollen eine REHA - Klinik suchen, die die beste Sprachtherapie bietet.

Ich habe seine eigene Unterschrift ganz groß kopiert, damit er sie nachschreiben kann. Es gelingt tatsächlich. Nach einigem Üben hat sich „seine Hand“ erinnert. Er kann wieder unterschreiben. Ich bin sehr froh.

Später holten mich zwei Männer ab. Ich meine, sie kamen vom Roten Kreuz. Ich wurde in ein großes Auto geladen. Renate sagte mir, dass ich in ein anderes Krankenhaus käme. Die Fahrt dauerte recht lange, aber aus meiner liegenden Position konnte ich mir nichts anschauen. Endlich hielt das Krankenauto und ich wurde herausgefahren. Renate stand schon am Krankenhauseingang. Ich weiß heute nicht mehr, wie ich in das Krankenhaus gefahren wurde oder ob ich mit anderen in das Haus gegangen bin.
Ich dachte mir, dass jetzt wieder ein neuer Abschnitt beginnen würde und hatte auch etwas Angst.

2. WALDKLINIK JESTEBURG 02. – 06. 1999

ZURECHTFINDEN IN DER WALDKLINIK

Ich habe 14 Tage ziemlich unbewusst auf der Neuro-Chirurgie in Hamburg Altona verbracht. Am 18. 02. 1999 wurde ich in die Waldklinik „Rüsselkäfer“ in Jesteburg verlegt.

18.02. Hier gibt es jeden 2. Donnerstag einen Gesprächskreis, der von einem Arzt und einer Sprachtherapeutin geleitet wird. Hier können Angehörige über anstehende Probleme sprechen. Sehr gut! Ich werde möglichst mitmachen. Ich merke, dass ich Hilfe brauche.
Ich bin überrascht, wie gut Gregor zurechtkommt. Er sitzt angezogen auf dem Flur und blättert in einem Heft. Er sagt, er weiß, was er liest, nur er kann es nicht aussprechen. Komisch!
Sein Schritt wird immer sicherer. Sein Auge behindert ihn noch.
Sein Blickfeld ist kleiner geworden. Darum hat er sich an der rechten Schulter gestoßen. Alles, was rechts von ihm auf dem Tisch steht, sieht er nicht. Mehrmals hat er etwas umgestoßen. Man muss aufpassen.
Wir packen seinen Koffer aus. Das viele Zeug irritiert ihn. Wir nehmen nur Unterzeug heraus. Ich lass es ihn selber in den Schrank legen. Viele Dinge irritieren ihn.
Wir probieren den Fernseher aus, aber er kann nicht alles so schnell verfolgen. Nur die Bilder vom Sport hat er mit Interesse angesehen. Ein Problem könnte Sascha sein, mit dem er das Zimmer teilt.

Ich erinnere mich, dass ich in einem Zweibettzimmer lag. Ein etwa 18 jähriger Mann lag schlafend im Nebenbett. Das Fenster unseres Zimmers war leicht verdunkelt worden. Als ich später in die Toilette ging und danach vom Fenster nach draußen schaute, freute ich mich. Da sah ich direkt vor mir ein größeres Waldgelände. Plötzlich kamen zwei Rehe, die langsam weitergingen. Ich blieb vor dem Fenster stehen. Dann sah ich noch weitere Rehe und auch noch einen kräftigen Rehbock mit seinem starken Geweih. Die Tiere waren zahm. Sie befanden sich in einem großen Gatter. Zwar waren diese Tiere ihrer üblichen Freiheit beraubt worden, so freute ich mich über dieses friedliche Bild. Das tat meiner Seele gut. Ein Krankenhaus in dieser Umgebung, ja, so etwas hatte ich bisher nicht gesehen. Aber mein Zimmernachbar brummelte mich an und sagte, dass die Fenstervorhänge verdunkelt werden müssen. Dann drehte er sich zur Wandseite und wollte wohl nichts mehr von der Welt wissen. Aber sobald ich dann wieder etwas Tageslicht zeigen wollte, meinte er, dass das Fenster verdunkelt bleiben müsse. Es war für mich vermutlich ein nervlich kranker Mensch. Die Krankenpfleger haben später versucht, eine möglichst ausgeglichene Lösung zu finden. Schon während des ersten Tages in diesem Krankenhaus sagte mir Renate, dass ich hier in Jesteburg bei Buchholz sei. Nach mehreren Tagen hatte ich versucht, mir den Namen „Rüsselkäfer“ zu merken. aber auch das und so vieles Andere hatte ich schnell wieder vergessen. Für solche und vieles Andere habe ich lange Jahre gebraucht, um die Namen mir zu merken.

19.02. Heute hab ich ihn wohl zu oft beim Abendessen verbessert. Manchmal will er z.B. erst die Wurst und dann die Butter auf das Brot legen. Ich denke, ich muss darauf achten, dass er sich nichts Falsches angewöhnt. Aber er hat sich über mich geärgert. Ich war traurig und hilflos. Ich will jemanden fragen, wie ich es besser machen kann. Vielleicht darf ich ihm nur dann etwas zeigen, wenn er es selber will?
Er war auch darüber traurig, dass er bei der Visite nach dem Namen seines Hausarztes gefragt worden war. Er konnte die Frage nicht beantworten. Er konnte auch nicht mehr seine eigene Adresse angeben. Das hat ihm allen Mut genommen.

Die Mahlzeiten haben die Patienten gemeinsam in einem größeren Raum zu sich genommen. Ich meine heute, dass der größte Teil dieser kranken Patienten Gehirnschäden hatten. Ich konnte mich jedenfalls nicht an vieles erinnern und man hat mir vom Pflegepersonal stets geholfen. Einem jungen, sehr kräftigen Mann wurde in vielen Bereichen geholfen. An einen Tag erinnere ich mich noch. Die Patienten wurden zum Essen gerufen und ich hatte gegenüber dem großen, jungen Mann gegenüber Platz genommen. Ich sah, dass dieser kranke Mann große Schwierigkeiten mit dem Essen hatte. Ich versuchte, ihm seinen Arm zu stützen. Aber plötzlich wurde er zornig, stieß mich zur Seite und wollte auf mich einschlagen. Zum Glück trat der Krankenpfleger beruhigend auf diesen nervlich kranken Mann zu. Aus meinen späteren Heilungsprozessen sehe ich dieses Helfen- wollen als einen Fortschritt meiner Krankheit an. Im Krankenhaus Altona lag ich vollkommen hilflos und apathisch im Bett. Hier in diesem Krankenhaus, also etwa 4 Wochen nach der Gehirnblutung erkannte ich diesen Fortschritt, nämlich einem anderen Menschen zu helfen. Natürlich fehlten mir viele Fähigkeiten auch im Zimmer. So hatte dieser junge, möglichst schlafende Mann häufig Ärger an unserem gemeinsamen Waschbecken. Ich hätte z.B. sein Duschgel benutzt. Vermutlich habe ich das getan, aber das waren Sachen, die ich nicht bewusst fehlerhaft getan hatte. Als Renate das erfuhr, hat sie dem Mann deutlich erklärt, dass sie nun seine Wasch-Utensilien an die linke Seite des Waschbeckens legen würde und meine Sachen zur rechten Seite. Danach war er zufrieden und versuchte weiter zu schlafen. Etwa nach acht Tagen wurde mir während der täglichen Visite vom Chefarzt und der mir schon bekannten blonden Ärztin erklärt, dass ich verlegt würde. Ich bekam noch an diesem Tag ein Einzelzimmer im Parterrebereich.

20.02. Ich war im Gesprächskreis für betroffene Angehörige. Mir tut das sehr gut. Wir sind nur drei bis fünf Frauen und ein Mann. Dazu eine Therapeutin und ein Arzt, oft der Chefarzt selber. Man kann alle Fragen stellen. Man hat uns erklärt, was eine „Aphasie“ ist. Das Wort heißt „Verlust der Sprache“. Aber es hat nichts mit geistiger Behinderung oder psychischer Störung zu tun. Das muss ich überall erzählen!
Aphasie ist die Folge einer Verletzung der linken Hirnhälfte, etwa durch Schlaganfall, Unfall oder Hirnoperation. Aber Aphasiker haben meistens ihre Sprache nicht vollkommen verloren. Aphasie ist vielmehr eine Sprechstörung:

Störung in der Sprach-Produktion:
Diese Menschen haben Mühe, sich spontan zu äußern. Manche sprechen nur Silben. Andere können nur mit Mühe Wörter bilden. Wieder andere finden die passenden Worte nicht. Einige sprechen flüssig, oft überschießend schnell und verwechseln alle Laute und Wörter. Häufig kommen grammatische Fehler und fehlerhafter Satzbau vor. Die Schreibfähigkeit ist oft im gleichen Maße betroffen.
Störung des Sprach-Verständnisses:
Diese Menschen haben Schwierigkeiten, gesprochene oder geschriebene Sprache zu verstehen. Viele Aphasiker können einem Gespräch nicht gut folgen, sie verstehen Äußerungen falsch, besonders wenn schnell geredet wird oder wenn mehrere Personen am Gespräch beteiligt sind.
Viele Aphasiker verlieren ihre Lesefähigkeit ganz oder teilweise. Bei vielen ist auch die Fähigkeit, mit Zahlen umzugehen, d.h. sie zu nennen, zu schreiben, zu lesen oder mit ihnen zu rechnen beeinträchtigt.
Ich muss lernen und die neue Situation erst einmal richtig verstehen. Ich muss auch in der Familie die Informationen weitergeben. Camilla hat mir Auszüge aus einem Buch geschickt: „Das Schweigen verstehen" von Luise Lutz. Das ist jetzt wichtigste Lektüre! Ich habe mich auch erkundigt und erfahren, dass es einen „Bundesverband für die Rehabilitation der Aphasiker" gibt. Davon habe ich Gregor schon erzählt, und wir werden dort Mitglied. Ich verspreche mir davon gewisse Hilfen und Anregungen und will diesen Bund auch unterstützen.

LANGSAM WIEDER SELBSTÄNDIG WERDEN

Eine Schwester nahm meine wenigen Utensilien und so ging ich gedankenlos hinter ihr her. Das mir zugewiesene Zimmer gefiel mir insofern, dass ich alleine, also ein Einzelzimmer hatte. Natürlich kann ich mich an damalige Tagesabläufe nicht erinnern. Meine liebe Frau Renate hat mich täglich besucht. Sie hat sporadisch Buch geführt. Deshalb können wir heute noch diese Zeit nach meiner Krankheit gut schildern.

25.02. Gregor hat jetzt unten ein Einzelzimmer – Nr. 029. Er saß ganz zufrieden da. Seine Sachen hatte er schon selber in den Schrank geräumt. Heute soll er zum ersten Mal im gemeinsamen Speisesaal essen. Dort holen sich die Patienten ihr Essen am Büfett. Ich habe voller Sorge beobachtet, wie er in der Schlange anstehen musste und sagen sollte, was er möchte. Als ich die Schwester auf seine Hilflosigkeit aufmerksam machte, meinte sie nur: „Ach, das sind nur zwei Tage, dann...“ Sie schlug mit der Hand. Gregor kam mit dem Essen und sagte:„Die sind alle so schnell!“ Ich habe ihm noch einen Salat geholt.
Am Abend sind wir noch eine Stunde draußen im Dunkeln spazieren gegangen. Er war glücklich, als er im Bett lag, und ich war glücklich, weil er heute endlich nach 15 Tagen die schmutzige Strickjacke gegen eine andere ausgetauscht hat.

Ja, Renate brachte mir dann mehrere Bekleidungsstücke, die ich im Krankenhaus Altona nicht benötigte. Schon nach dem ersten Tag ging Renate mit mir um das gesamte Krankenhausgelände und natürlich auch den langen unteren Flur, der zum Essraum und zu den Einzelabteilungen in Massage- und Bewegungsräume führte. In den ersten Tagen hatte ich manches wieder vergessen. Was bedeutete z. B. ein Massageraum, und wo sollte ich das finden? In dem Parterreraum gab es nicht mehr so viel Personal. Aber auch während dieser ersten Tage fand ich hilfsbereite Menschen, die dem etwas verwirrten Mann zur Seite standen. Der größte Teil der Kranken hatte körperliche Schäden. Mein Gehirn hatte diese plötzlich unerwartete Krankheit. Ich musste damit fertig werden. So hörte ich schon zur Mittagszeit einen lauten Klingelton. Ach ja, man hatte mir bereits schon gesagt, dass ich zum Mittagessen gehen solle. Der große Essensraum war für je 6 Personen eingeteilt. Gleich am Eingang wurde mir ein Platz zugewiesen. Die Kranken hatten sich am Büfett angestellt, und ihm oder ihr wurde das gewünschte Essen gereicht. Ich wusste nicht, wie und was ich tun sollte. Als die meisten Kranken bereits ihr gewünschtes Essen an ihrem Platz eingenommen hatten und mit dem Mittagsmahl begannen, konnte ich noch immer nicht das Wort sagen. Ich sah das schöne Essen, leider konnte ich das gewünschte Essen nicht nennen. Eine der Frauen am Büfett schaute

mich fragend an und meinte, ob das Essen nicht gut genug sei. Ach doch, gut, gut, sprach ich, oder so ähnlich. Die Frau zeigte auf das Fischgericht und ich nickte mit einem Ja. Schon nach den ersten Tagen in Jesteburg schmeckte mir das Essen. Aber ein Fischgericht hätte ich sicher nicht gewählt. Aber nicht nur bei der Wahl der Essgerichte hatte ich Probleme. Die einzelnen Wörter zu benennen fehlten mir. Und so stand oder saß ich bei anderen Menschen um mich mitzuteilen, ich überlegte und überlegte, aber das treffende Wort fehlte mir. Dieses Problem der Wortfindung ist auch heute noch nicht ganz behoben. Die Frauen am Büfett kannten mich mittlerweile und halfen mir. Auch an unserem Esstisch halfen mir einige beim Kaffee eingießen. Einmal wollte ich auch so höflich sein. Aber ich wusste nicht mehr, dass man den Kaffee in die Tasse gießen muss und habe alles auf den Teller gegossen. Der ganze Tisch sah furchtbar aus und alle hatte Arbeit. Da war ich sehr unglücklich.
Renate hatte guten Kontakt zur Stationsärztin. Ich fühlte mich zufrieden. Ich hatte keine körperlichen Schmerzen. Das kleine Umfeld in diesem Krankenhaus machte mich zufrieden. Die vielen Aufgaben, die ich trotz meines so genannten Ruhestandes übernommen hatte, waren plötzlich nicht mehr. In meinem Krankenzimmer war es so angenehm ruhig. Renate wusste so häufig, was mir gut tat. So hatte sie mir z.B. mehrere Hörkassetten mit leiser meditativer Musik gebracht. Häufig legte ich mich auf mein Bett, und diese angenehme, beruhigende Musik und die dazu passenden Worte taten meinem Kopf so gut. Auch heute nehme ich mir gelegentlich wieder einige dieser Kassetten und lege mich in mein Schlafzimmer, um meinen kranken Kopf zu beruhigen.

26.02. Ich habe mit der Ärztin sprechen können. Sie erklärte mir: Gregor hat eine mittlere bis schwere gemischte Wernicke-Aphasie, d. h. seine Wortfindung ist gestört, dazu sein Wortverständnis, das Schreiben, das Lesen und das Rechnen. Außerdem hat er eine Hemianopsie nach rechts, das ist die Blickfeldeinengung. Die Prognose ist unsicher, aber es gibt viele gute Anzeichen.

Wir sollten auch die sozialen Kontakte weiter pflegen. Aber nicht zuviel davon erhoffen, denn viele alte Freunde werden wir wohl verlieren.
Habe auch mit der Sozialarbeiterin gesprochen. Sie hat sich viel Zeit genommen. Sie sagt, ich sollte nicht über Gregors Kopf hinweg entscheiden, sondern ihn immer mit einbeziehen, ihn nicht unselbständig machen! Ich soll ihn fragen, ob ich den Schwerbehindertenausweis für ihn beantragen soll. Ich bin sehr dankbar für dieses Gespräch, denn ich bin sehr unsicher.
Zum ersten Mal stehe ich vor so vielen Entscheidungen alleine.
Früher hat Gregor alle wichtigen Dinge selber erledigt.

Eine Sozialarbeiterin arbeitet auch in der Waldklinik. Renate und ich sollten zu ihr kommen zu einem Gespräch. Es war ein Zimmer in der ersten Etage. Renate stellte uns vor, aber die Dame sagte, ich soll allein bei ihr bleiben und einige Fragen beantworten. So blieb ich allein bei der Frau.
Gleich sollte ich mehrere Antworten geben: Wann ich geboren bin, meine Wohnanschrift, wer meine Hausärztin ist, wie lange ich krank bin... und noch mehr. Wie ein kleines Kind wurde ich rot im Gesicht. Mein Kopf fing an zu schmerzen. Aber die Antworten konnte ich nicht geben. Nichts! Ich überlegte und dachte nach, aber es ging einfach nicht. Die Frau war mir auch unsympathisch. Ihre barschen, schnellen Fragen machten mich völlig hilflos und mir kamen die Tränen. Daraufhin durfte ich das Büro verlassen.
Renate hatte draußen auf mich gewartet und sprach ganz ärgerlich mit der Sozialarbeiterin.
Aber die entschuldigte sich und meinte, diese Fragen wären erforderlich gewesen. Nur so konnte sie sich objektiv ein Bild machen. Sie wollte einen Bericht an die Behörde weiterleiten.
Sie sagte, dass ich zu 100 % eine hilflose Person bin und einen Schwerbehinderten-Ausweis bekommen.

DA IST ER WIEDER, DER ALTE KÄMPFER

(Gedanken von Thomas)

Seit dem „Schlag“ ist viel passiert. Vieles ist anders, aber mein Vater lebt, kann sich frei bewegen und findet sich im neuen Umfeld zurecht. Er zeigt mir die Räume und will mir alles erklären. Seine Stimme ist viel höher geworden und hauchig. Immer wieder gerät er ins Stocken, wenn ihm bestimmte Begriffe und Wörter nicht von den Lippen gehen. Er lässt aber nicht locker, bis er das Wort findet. Der Fluss ist unterbrochen und dahinter staut sich etwas auf. Ich versuche immer wieder auszuatmen, um mich nicht von der Spannung anstecken zu lassen. Draußen atmen wir freier. Wenn er das gesuchte Wort nicht findet, machen wir ein Spiel daraus. Wir kreisen die Begriffe ein, wie zwei Kriminalisten.

Da, ein Straßenschild. Mein Vater beginnt zu buchstabieren und beißt sich fest. Die Buchstaben quetscht er einen nach dem anderen raus, nur sie wollen sich nicht zusammenfügen – keinen Sinn ergeben. Da ist er wieder der alte Kämpfer. Er läßt nicht locker und mobilisiert alle Kräfte. Doch je mehr er sich anstrengt, desto weniger scheinen die Laute in einander zu fließen und einen Sinn zu ergeben. Wird ihn sein Kampfgeist weiter bringen und wird er wieder an sein früheres Leben anknüpfen können? Oder wird er vor einem Straßenschild kapitulieren müssen? Wie wird er sich da wohl fühlen? Wie Don Quichotte im verzweifelten Kampf gegen die Windmühlenflügel? Oder wird er es schaffen, die Sache gelassener anzugehen und in seinem Leben andere Dinge entdecken, die Wichtigkeit erlangen? Er hat die Chance, er darf – vielleicht das erste Mal in seinem Leben – schwach sein. Er muss sich helfen lassen.

Noch vor einem Jahr wäre das undenkbar gewesen. Da hatte er alles im Griff. Gesprochen haben wir seit meiner Jugendzeit nur bis zu einem bestimmten Punkt. Dann machte das Gespräch für mich keinen Sinn mehr und ich habe mich zurückgezogen. Andere Ansichten sind an ihm abgeprallt, Diskussionen schnell gescheitert an einer unverrückbaren Front betonharter Ansichten. Wer nicht kämpferisch und stark war, war ein „Weichei“ oder ein „Jammerlappen“. Jetzt ist er selbst schwach. Was wird er wohl daraus machen? Was wird die neue Situation mit uns machen?

Wir gehen weiter auf einen mit Heidekraut bedeckten Hügel. Oben steht das Wrack eines alten Goggomobils. „So eins hattest Du doch auch mal, als Du bei der Polizei angefangen warst!" – „Nein, das Sportmodell, – damit bin ich unter dem Sch.., Sch,.. Sch.." - „Der Schranke?" – „Ja, Schl..., Schl..." – „Unter dem Schlagbaum durch?" – „Ja". Wir lachen und verstehen uns gut, – viel besser als früher. Vielleicht ja sogar, weil die Verständigung schwieriger geworden ist.

DIE ERSTE STUNDE SPRACHTHERAPIE

Mich begleitete eine Frau. Sie stellte sich vor: „Frau Hilger". Jeden Tag bekam ich dann Sprachtherapie. In einem großen, dicken Ordner habe ich bis heute alle Übungsbögen gesammelt und kann mich so noch gut an alles erinnern. Mit Frau Hilger hatte ich einen guten Kontakt, obwohl mir alles, sehr, sehr schwer fiel. Frau Hilger zeigte mir zuerst ein Blatt Papier auf dem deutlich große Gegenstände abgebildet waren. Ich sollte einen Tisch, einen Stuhl, einen Papierkorb und einen Bleistift benennen. Vielleicht war ich nach meiner ersten „Prüfung" sehr nervös, aber leider. Nach einer halben Stunde hatte ich wieder den größten Teil der Wörter vergessen. Den abgebildeten Stuhl schaute ich mir an. Ich wusste, wozu er benutzt wurde, aber das Wort Stuhl konnte ich nicht benennen.
Die Arbeitsstunden mit Frau Hilger waren für mich besonders wichtig. Ich spürte, dass die Wörter mir so oft fehlten und ganz mühsam war das Schreiben. Das Rechnen ging zwar langsam, aber fehlerfrei. Schon bald gab mir Frau Hilger wieder ein Papierblatt. Es zeigte eine Kirsche, eine Zitrone, eine Birne und eine Pflaume. Mit der Birne klappte es bei mir noch nicht. Aber mit der Farbendeutung der roten Kirsche und der roten Erdbeere hatte ich sofort und auch später keine Probleme. Um das gemeinsame Wort Obst dauerte das Gespräch etwas länger, aber auch das habe ich dann geschafft.

26. 02. Ich bin mit zur Sprachtherapie gegangen. Ich muss mich informieren. Wie muss man mit ihm sprechen? Wie lernt er am besten? Ich habe nur daneben gesessen und aufgepasst. Also:

Ruhe ist wichtig! Hintergrundgeräusche und Gespräche mit mehreren Personen erschweren das Verstehen.
Zuhören und abwarten. Zuhören bedeutet auch mitdenken und beobachten der Mimik, der Gestik und Blickkontakt, damit Gregor auf die Lippen schauen kann. Langsam und deutlich sprechen. Kurze „Ja-, Nein-Fragen" sind besser als Alternativ-Fragen. Ich bewundere die Geduld der Therapeutin. Für mich war es anstrengend, mit anzusehen, wie er die Wörter aus seinem Mund „herauswürgt". Manchmal spricht er auch in langen Sätzen und findet kein Ende. Dabei geht alles durcheinander. Dann stoppt Frau Hilger seinen Wortschwall auf freundliche Weise und holt ihn wieder zurück zum Thema.

Zeitgerecht begab ich mich immer in den Therapievorraum. Frau Hilgers Büro war ganz vorn. Vor mir war jeweils ein anderer Patient zur Therapie. Wie oft habe ich vor dieser Tür gesessen? Aber sobald die Tür sich öffnete, verabschiedete Frau Hilger den Patienten und ich wurde gleich in den Raum gebeten. Die Tage vergingen und die Arbeit mit Frau Hilger wurde immer schwerer. Es gab aber auch Spaß und lustige Erlebnisse über meine merkwürdigen Wortbildungen, so dass Frau Hilger und auch ich selber über mich lachen mussten. Aber an anderen Tagen gelang mir kaum das passende Wort. Ich suchte und suchte. Ich drückte mit der Hand auf meinen kranken Kopf, aber nichts. Ich öffnete den Mund, bewegte die Lippen, denn ich hatte das Wort doch im Kopf. Aber es wollte nicht herauskommen. Frau Hilger zeigte mir Abbildungen. Dieses oder ähnliches war mir ja alles bekannt, aber nur eine einzige konnte ich richtig benennen. Ich bekam einen roten, heißen Kopf. Nach längerer Zeit sagte ich: „Es hat doch keinen Sinn! Lassen Sie mich in Ruhe!" Ich stand auf und ging einfach aus dem Büroraum. Frau Hilger sagte noch: „Gehen Sie in Ihr Zimmer und legen Sie sich hin!" Mein Kopf tat mir weh. Alle Gedanken gingen in meinem Kopf hin und her. „Hat mein Leben denn noch einen Sinn?" Mühsam habe ich eine höhere Schulbildung gemacht. Jetzt zeigt man mir kleine Bildchen.

Kirsche

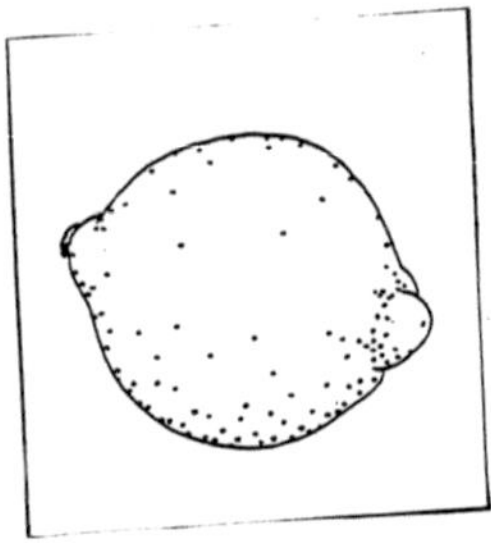

Zitrone

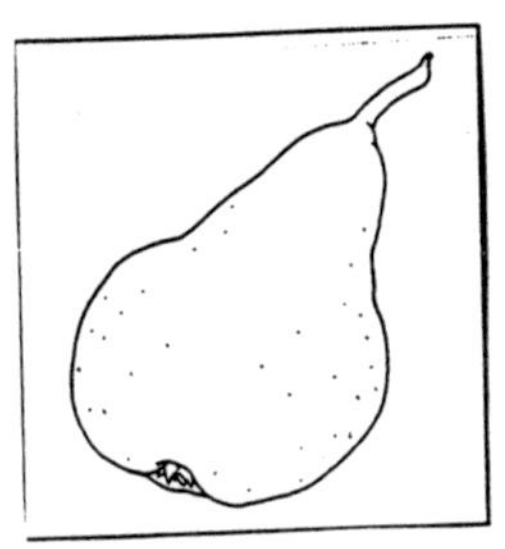

Birne

Erdbeere

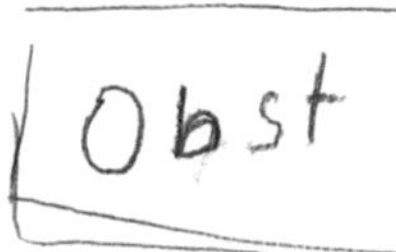

Ich überlege und überlege, kann aber keine dieser Abbildungen benennen. Nach einiger Zeit versuchte ich mich wieder zu beruhigen. Von meiner kleinen Kassette hörte ich mir einige der beruhigenden Musik-Meditationen an. Nach längerer Zeit bin ich wohl eingeschlafen. In den nächsten Tagen ging es mir wieder besser. Gewisse passende Wörter fehlten mir weiterhin.
Am folgenden Donnerstag hatte ich wieder Sprach- und Lesestunde. Mir war bewusst, ich möchte und will auch versuchen, die fehlenden Wörter zu finden. Frau Hilger machte mir Mut. Eine Abbildung von verschiedenen Dingen wurde mir gezeigt. Ich erkannte sofort die einzelnen Teile. All das war deutlich zu erkennen. Aber wie auch am vorigen Tag: ich suchte und mühte mich ab, kein Wort kam aus meinem Mund. Nochmals schaute ich auf ein mir so vertrautes Bild. Dann kam das Wort aus mir heraus: „Ein Bus!“, „Gut“, sagte Frau Hilger, und ich freute mich. Dann schaute sie auf das oberste nicht zerkreuzte Bild und sagte:„Das ist doch eine, ...na, eine..., eine G..., eine G.....“ Da kam aus mir das Wort „Gans“ heraus. Wir beide übten und übten. Mit einem oder zwei Wörtern ging es langsam weiter. Aber ich konnte kaum die einzelnen Wörter lesen, die dazu gedruckt waren. Doch mit Hilfe und großer Mühe ging es weiter, bis ich alle Abbildungen dieses Blattes geschafft hatte. Ich war zufrieden und Frau Hilger verabschiedete mich mit einem Glückwunsch.

ICH HATTE MIR ZUVIEL ZUGETRAUT

Nach meinem Gehirnbluten hatte ich zum Glück nur wenige Gleichgewichtsstörungen. Vor meiner Krankheit lief ich am Morgen die üblichen 5 km und machte meine Gymnastik. Diesen jahrelangen Sport, der mich wie einen alten Freund fit machte, wollte ich möglichst wieder beginnen. Direkt vor meinem Krankenhaus beginnt ein hoher Mischwald. Der Weg darf nur mit Fahrzeugen zur Forstwirtschaft benutzt werden. Dieser heimelige Wald war für mich ein Geschenk. Schon nach den ersten 10 Tagen ging ich nach dem Mittagessen interessiert aber gemütlich durch den Wald. Die einzelnen Waldwege wurden für mich doch recht weit. An manchen Tagen verzichtete ich auf den Kaffeetisch und machte stattdessen einen weiteren Weg.

Meine Orientierung schien wohl nicht gelitten zu haben. Die vielen Wander- und Gebirgstouren in den Alpen kamen wir zu Gute. Aber ein Mensch, der plötzlich vom Kopf her gar nichts weiß und wie ein Kleinkind sprechen, lesen und schreiben lernen soll, sollte sich auch genügen. Einen dieser Waldwege hatte ich zu weit gemacht.
Heute habe ich mir die Wanderwegskarte angeschaut. Ich bin damals, es muss im April gewesen sein, wie folgt gegangen:
Von dem mir vertrauten Krankenhaus Rüsselkäfer ging ich den bekannten Waldweg. In einem größeren Bogen näherte ich mich dem Dorf Bendestorf. Das Waldgebiet hat große Vertiefungen. Ich staunte über diese interessanten Endmoränen. Neben einem längeren Tal stehen einige Fischteiche. Ich setzte mich und schaute den größeren und kleinen Fischen zu. Ach ja, all das tat meinem Kopf gut. Langsam musste ich an den Heimweg denken. Ich überlegte, und nach einiger Zeit sah ich ein Sägewerk. Ich musste mich nach rechts halten. Dann sah ich unerwartet eine kleine Reihe schöner Wohnhäuser. Dieser Häuser interessierten mich. Von einer Waldsiedlung hatte ich nichts gehört. Sollte ich wohl nach rechts oder links gehen? Wo ist der richtige Weg zu meinem Krankenhaus? Mir brach der Schweiß aus. Ja, ich bekam Angst, denn ich sollte doch pünktlich zum Abendessen im Krankenhaus sein. Neben einem dieser Häuser stand eine Frau im Garten. Ach, ich frage einmal. Ich wurde nervös, schaute auf die fremde Frau, aber mein kranker Kopf sagte mir nicht, wie das Wort Krankenhaus, geschweige „Rüsselkäfer“ heißt. Die Frau schaute mich ratlos an. Weil es in der Umgebung von Jesteburg mehrere Kranken- und Altenpflegehäuser gibt, riet sie mir, den rechten Weg durch den Wald zu nehmen. „Dort gibt es ein größeres Altenheim und etwa 700m weiter das Krankenhaus Rüsselkäfer“, sagte sie. Der Name „Rüsselkäfer“ war für mich ein Lichtblick. „Ja“, sagte ich, „da will ich hin.“ Dann ging ich mit schnellen Schritten auf den mir zugewiesenen Weg und nach etwa einer Viertelstunde hatte ich rechtzeitig das mir vertraute Krankenhaus erreicht. Bei einem der nächsten Besuche erzählte ich Renate über den wohl zu weiten Waldweg. Renate schrieb dann möglichst in je eine Jacken- oder Hosentasche einen Zettel mit meinem Namen und der Anschrift: “Jesteburg, Waldklinik- Rüsselkäfer“. Leider konnte

ich damals noch kein Wort lesen. Wenn ich damals, auch relativ unbedeutend, etwas genau erledigen sollte, bekam ich Angst. Mir fehlten die richtigen Wörter. Mit diesem Problem musste ich mich noch mehrere Jahre belasten.

ÜBEN, ÜBEN, ÜBEN WIE EIN KLEINES KIND

In der nächsten Woche ging es weiter. Frau Hilger hatte mir einen neuen Auftrag gegeben. Es war für Gesunde ein leichtes Kreuzworträtsel. Für mich war es wieder sehr schwere Arbeit. Da war z. B. eine Kerze, eine Nase, eine Zange, ein Bein, eine Geige, ein Apfel, eine Lampe und anderes abgebildet. O, das war schon sehr schwer. Frau Hilger meinte: „Dieses hier oben lesen Sie mal! Das ist doch eine G...., G...., Gans." Frau Hilger drängelte: „ Ach, nehmen wir etwas anderes. Nehmen wir mal die zweite Zeile: Dieses schmale Stück brauchen Sie bestimmt beim Mittagessen." Für mich war es ganz klar, ich kannte das Ding genau. Ich würde es wieder zum Mittagessen benutzen, aber leider..., das Wort...? Wieder fehlte mir das Wort. „Lesen Sie hier! Vorher war es eine Gans. Jetzt ist es wieder ein Wort mit G." Ach ja, mir fiel das passende Wort ein: „Eine Gabel!" So überlegte und übte ich Zeile für Zeile. Frau Hilger nannte mir mehrfach den Anfangsbuchstaben „Die nächsten Worte fangen mit B an. Schauen Sie mich an!" Sie sagte ganz deutlich „B..." Ich überlegte, sah das abgebildete Wort, sah wieder auf Frau Hilgers Mund und formte meine Lippen genauso und plötzlich konnte ich das Wort „Besen" aussprechen. Die nächste Zeile gelang mir ohne weiteres. Ein Beil, ja das hatte ich doch in meiner kleinen Werkstatt. So übte und übte ich bis Frau Hilger sagte: „Die Stunde ist zu Ende. Der nächste Patient will ebenfalls üben." Ich ging auf mein Zimmer, nahm das Übungsblatt und übte und übte allein weiter. Aufgeben sollte und wollte ich nicht. Mein kranker Kopf, der Schaden am Gehirn sollte nach und nach eine Heilung bekommen.

A

Gans	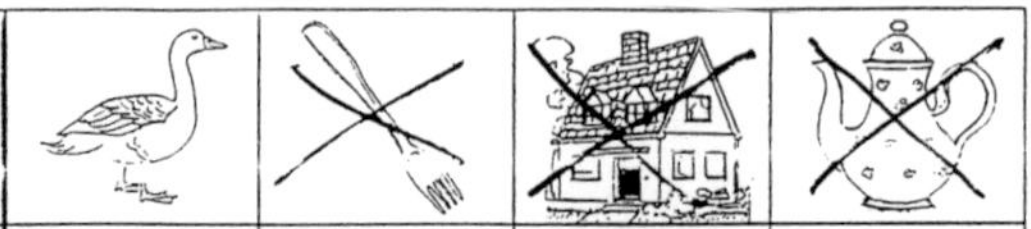
Gabel	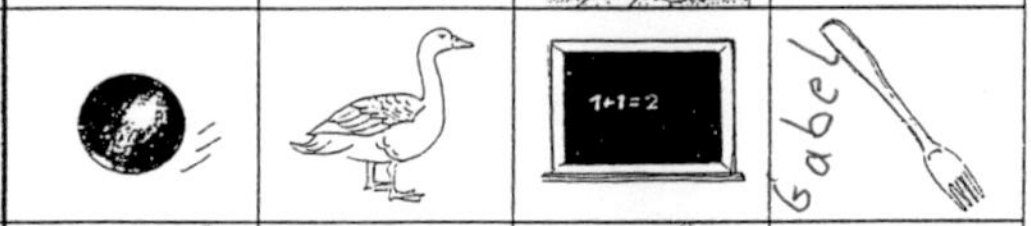
Geld	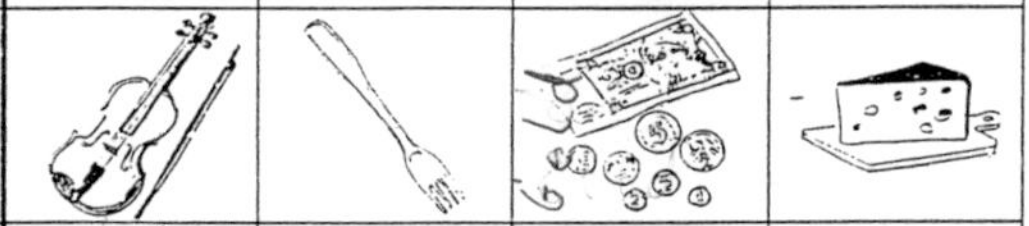
Besen	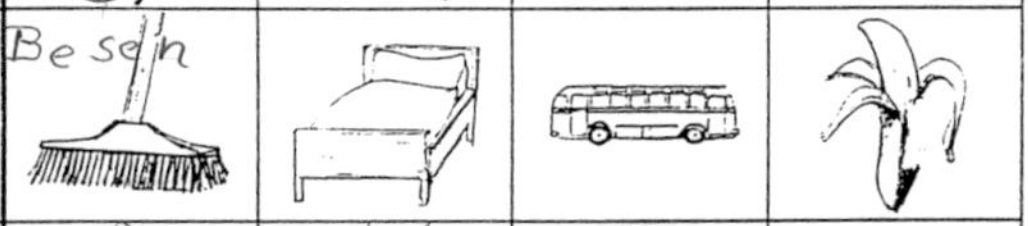
Bein	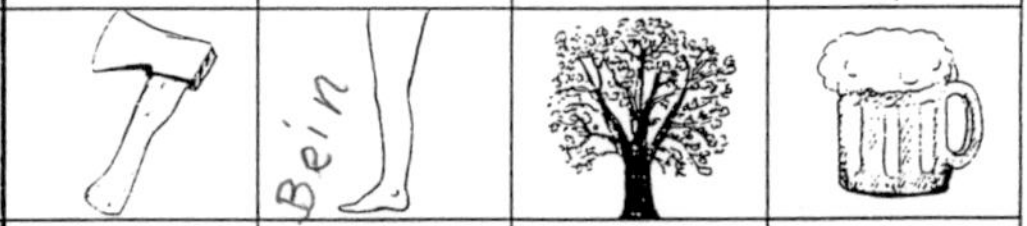
Bus	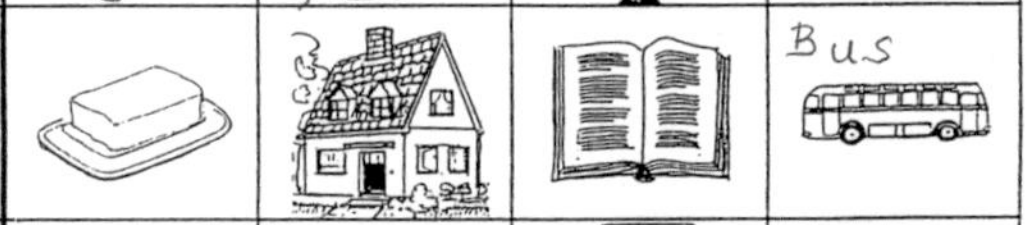
Nadel	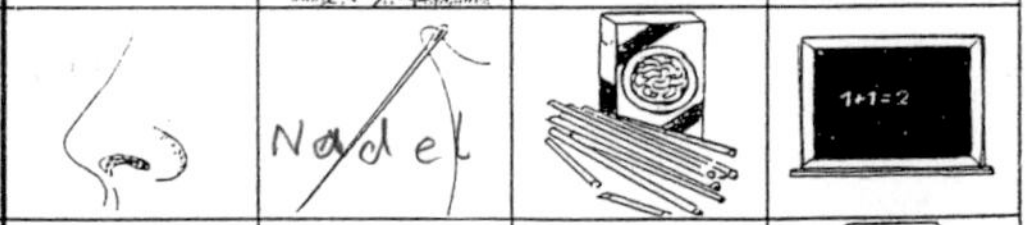
Nase	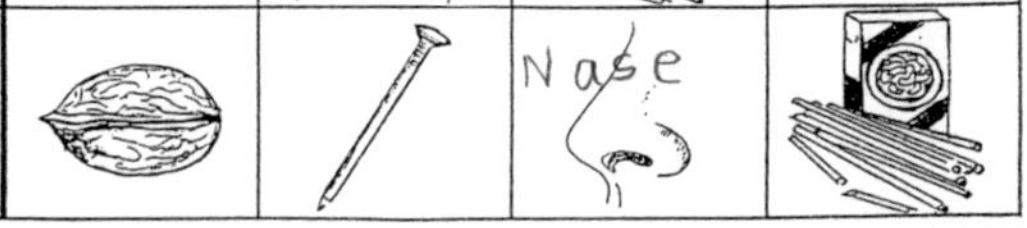

Richtig:	4	5	6	7	8

3

Nachmittags machte ich einen Spaziergang von der Waldklinik bis zum nahen Dorf. Schon in meinem früheren Beruf habe ich mir auch Straßen – und Hausnummern gemerkt.
So schaute ich mir die schönen Wohnhäuser und die einzelnen Straßennamen an Leider konnte ich wieder die Straßennamen nicht lesen. Den großen Buchstaben E hatte ich mir schon vor einigen Tagen gemerkt. Dieser Straßenname fing also mit E an. Ich versuchte zu lesen und übte und las und stotterte: E...,Er.....,Eri...., Erik...., ach ja, Erika, ja, Erikaweg. Den Namen vergesse ich nicht. Meine Schwester heißt Erika, und später bin ich noch häufig durch den Erikaweg gegangen. Auch weiterhin versuchte ich die verschiedenen Straßennamen zu lesen. Nicht immer gelangen mir längere Straßennamen. Ich bin auch später auf den nahen Bendestorfer Friedhof gegangen. Da war es so schön ruhig und ich ging von Grab zu Grab und versuchte die Namen zu lesen.
Die Sprachtherapie war für mich das wichtigste, wie eine schwere Schule.
Diese Arbeit mit den Wörtern ist unvorstellbar. Alle Sachen und Dinge haben einen Namen. Ich sehe sie, ich kenne sie, aber..., wie heißen sie? Es ist wie irrsinnig! Und es ist furchtbar anstrengend. Oft habe ich alles verwechselt, weil es so ähnlich klingt: Bein – Beil, Frühling – Frühstück, Fingernagel - Knöchel, kauen – buchstabieren, usw., usw. Und das Lernen konnte kein Ende nehmen. Nach vielen Wochen hatte ich aber doch Fortschritte gemacht. Jetzt galt es, die einzelnen Teile von einem Ding zu benennen und die Wörter richtig zu schreiben und zu lesen. Z. B. ein abgebildeter <u>Herd</u> hat eine Herdplatte, mehrere Schalter und einen Backofen. Oder eine <u>Toilette</u> hat eine Brille, eine Schüssel, einen Deckel und einen Spülknopf. Das war schwer. Aber ich weiß noch, wenn ich dann wieder in meinem Zimmer war, spürte ich, wie wichtig es war, einige Teile dazu gelernt zu haben.

28.02/01.03. An diesem Wochenende war Thomas wieder aus Berlin da. Das ist für mich immer eine große Erleichterung. Er besucht dann Gregor und außerdem haben wir beide viel Zeit, um miteinander über die neue Situation zu sprechen. Thomas kann

gut zuhören. Das kommt durch seine Arbeit (Dipl.-Musiktherapeut DMTG u. Supervisor).
Überhaupt habe ich viel Hilfe durch die Kinder. Matthias fährt oft abends noch nach Jesteburg. Gregor freut sich, wenn er kommt. Oft sitzen sie nur still beieinander. Matthias beobachtete auch, dass Gregor sich verändert hat.

MEIN VATER

(Gedanken von Matthias)

Wer ist das?
Die Hand, die mich hielt auf den Wanderungen durch die Berge,
als ich nicht mehr weiter konnte…
Die Stimme, die mir Geschichten erzählte…
Mein Vater der Polizist,
der Ordnungshüter, der Machtmensch in der Familie…
Ich bin Mitte Dreißig, als mein Vater dem Gehirnschlag unterlag;
Diesem Schlag, der ihn schlagartig zu einem Kind macht,
wenn nicht zu einem Toten.
Ich will es nicht wahr haben,
will nach der telefonischen Nachricht von seinem Unfall
weiter machen mit meinem Alltag,
will „Tatort" gucken.
Meine Frau drängt mich erst ins Krankenhaus:
Sterbender Vater!
Was stürzt da ein, - was wird werden, - was wird aus mir ohne ihn...
Später erlangt mein Vater etwas von sich zurück:
Er bleibt nicht gelähmt, auch nicht halbseitig,
wie die Ärzte zunächst prognostizierten.
Er beginnt langsam wieder zu begreifen, wer er ist,
wer seine Umwelt ist,
wer ich bin…
Da erlebe ich meinen Vater schutzlos,
vorurteilslos,
unbefangen,
kindlich,

neugierig,
verzweifelt,
offen hilflos,
und sogar offen hilfsbedürftig.
So etwas dem Schutzmann?
Ja: Die Krankheit macht es möglich…
So schlimm diese Krankheit auch sein mag,
ja, so wenig ich mir den Tod meines Vaters auch überhaupt nur vorstellen mag,
es ist ein Segen, Dich so offen zu sehen,
so bar jeder Konvention, jeder Rolle
DU:
ohne die Kraft, den Dich früher Ausmachenden weiter aufrecht erhalten zu können:
EINE OFFENBARUNG…
Dieser kurze Augenblick in der REHA,
dieser Augenblick zwischen sterben wollen
und weiter Leben unter den neuen Bedingungen…
Dieses Zittern und Innehalten zwischen den Welten,
die Unmöglichkeit des Aufrechterhaltens der alten Strukturen,
die hilflose Suche nach einem Neuanfang.
Wie war ich bei Dir,
wie hab ich Dich geliebt,
für das, was uns da möglich wurde.

Es ist, wie der Fall der Mauer,
nur auf privater Ebene,
und es ist, leider auch, wie das,
was aus dem Fall der Mauer wurde:
WENIG NEUES:
Schnell hast Du Dich gefunden,
hast das Ungewisse überwunden,
hast Dich in der neuen Welt orientiert
und sie Dir zu Eigen gemacht.
Was ich aber ganz egoistisch,
und nur für mich festhalten will,
sind die Übergänge:
Was Du mir offenbartest als hilfloser kranker Mann,

deine absolute Offenheit,
deine Kindlichkeit,
Dein „nicht Anders können“,
denn Deine Krankheit
hat Dich auch auf Dich selbst zurückgeworfen
und an was wäre ich als Dein Sohn
interessierter, als an Deiner selbst.
Da sehe ich Dich auf einmal,
nach 35 Jahren,
wie Du bist, wenn Du nackt bist,
und ich liebe Dich,
wie Du bist,
wenn Du nackt bist.
Was ist das,
was uns denken macht,
das Verstecken unserer selbst würde uns besser machen?
Als wärest Du durch die Macht,
als wärest Du als Polizist,
als wärest Du als Katholik,
erst lebenswert,
als wärest Du erst so ein Mensch.
Das Gegenteil ist der Fall,
wie sich mir durch Deine Krankheit zeigte...
Nie hättest Du Dich mir so zeigen können,
ohne diese verdammte Krankheit.
Für diesen Augenblick bin ich endlos dankbar!
Ob es dieses Opfers Deinerseits bedurfte,
ich fürchte fast: Ja

„HERR BERGMANN, KOPF HOCH!“

Herr Barm (Neuro-Psycho-Therapeut) baute mich mehrfach auf. Er hörte mir geduldig zu und sprach mit mir. Meine körperliche Haltung war in diesen Tagen recht gebückt. Mit Herrn Barm musste ich oft den langen Krankenhaus-Korridor entlang gehen. Ich kann mich noch gut erinnern, wenn Herr Barm neben mir ging und sagte: „Herr Bergmann, aufrecht gehen! Kopf hoch!“ Diese Wochen und Monate in der Waldklinik taten meiner Seele gut.

Meine Frau hat auch mehrmals mit Herrn Barm besprochen. Ja, ich spürte, wie nach und nach mir die einfachsten Sachen etwas besser gelangen. So habe ich mit Herrn Barm später am Computer geübt. Ich kannte vorher die Arbeit am Computer nicht. Doch das lernte ich. Ich musste schnell mit der Maus reagieren. Da merkte ich selber, wie langsam ich geworden war. Mein Auge wollte mir auch nicht das ganze Bild zeigen. Herr Barm ermahnte mich: „Bewegen Sie Ihre Augen hin und her, nicht den ganzen Kopf!" Was man mit dem Computer alles machen kann! Ich übte die Uhr und konnte damit auch rechnen. Selbst den Umgang mit dem Geld konnte ich damit einüben. Am wichtigsten waren mir immer die Übungen gegen meine Langsamkeit. Herr Barm erlaubte mir, immer an den Computer zu gehen, wenn ich dazu Lust und Zeit hatte. Das freute mich sehr.
Herr Barm gab mir noch eine weitere Aufgabe. Er schickte mich in die Ergotherapie. Hier konnten behinderte Menschen an verschiedenen Geräten arbeiten. Da sah ich, wie interessierte Kranke etwas malten oder bastelten. Herr Barm sprach mit der dortigen Therapeutin. Sie meinte zu mir, ob ich nicht Lust hätte, etwas Kreatives zu schaffen, vielleicht ein Körbchen zu flechten. Wenn es mir gelänge, dann hätte ich ein Geschenk für meine Frau. Korbflechten kam mir vor wie eine Strafe im Gefängnis. Ich war schließlich kein Strafgefangener. In meinem Leben hatte ich schon vieles versucht, geübt und mir manches angeeignet. Also zeigte mir die Therapeutin die anfänglichen Griffe. Wie auch hier hieß es: „Aller Anfang ist schwer!" Manches gelang mir nicht gleich. Aber nach einigen Tagen schaffte ich das erste gefertigte Körbchen. Die Therapeutin zeigte mir verschiedene Formen und Möglichkeiten, an die ich bisher nicht gedacht hatte. Als ich später das Krankenhaus verließ, konnte ich meiner Frau und meinen Kindern je ein verschiedenes Körbchen-Tablett schenken.

04.03. Heute habe ich Geburtstag, es ist ein besonderer Geburtstag meines Lebens. Heute durfte ich Gregor das erste Mal mit nach Hause nehmen zum Kaffeetrinken. Wir waren beide etwas freudig aufgeregt. Das Autofahren war für ihn ganz ungewohnt geworden. Immer wieder meinte er, dass ich langsamer fahren sollte. Es ging ihm alles zu schnell. Zuhause war ihm auch alles fremd. Er wusste nicht mehr, wo sein Zimmer war und wo er die Toilette finden konnte. Ich beobachtete ihn angestrengt. Aber trotzdem haben wir schön gemütlich zusammen Kaffee getrunken und guten Kuchen gegessen.

06./07.03 Gregor durfte überraschend auch am Wochenende nach Hause. War das eine Freude! Aber natürlich war die Fremdheit noch da. „Wo ist die Seife?" „Wo soll ich das Licht anknipsen?" Traurig! Er ist fremd in seiner eigenen Wohnung. Der Garten lockte ihn sofort. Schon bald hatte er Arbeitszeug an und begann im Garten das Kaminholz zu stapeln. Nach dem Essen haben wir 1 ½ Std. richtig tief geschlafen. Dann haben wir die Sportsendung angesehen, wie früher. Am Sonntag hat er mit seiner Schwester Hedwig telefoniert. Das Sprechen mit einer Person, deren Gesicht er nicht sieht, ist nicht leicht. Am Nachmittag wollte er seine „Hausaufgaben" machen. Aber das Lernen fiel ihm schwer. Er wurde wieder traurig, weil er so viele Wörter so schnell vergisst. Ich schlug ihm vor, im Hamburger Straßen-Atlas zu lesen. Er konnte sich gut orientieren und die Namen fielen ihm wieder ein.

Jetzt sitze ich hier allein bei einem Glas Rotwein. Was ist mit mir? Ich bin sehr angestrengt. Es gibt so vieles, was ich jetzt bedenken und erledigen muss. Früher hat Gregor immer gesagt: „Jeder hat seinen Bereich! Mach du den Haushalt, und ich mache alles andere: Geld, Versicherungen, Krankenkasse, Bank." Damals habe ich das so hingenommen. Es war auch ein bisschen Bequemlichkeit und Angst von mir. Nun sitze ich da und muss mich in alles hineinarbeiten. Hoffentlich mache ich keine Fehler! Doch ich merke, dass er mir jetzt vertraut, mit den Geldern umzugehen. Das macht mich auch etwas stolz.

ALLES MUSSTE ICH NEU ERLERNEN

Viele Aufgaben kamen auf mich zu. Jeden Sonnabend bekamen die Patienten, so auch ich, einen so genannten Wochenplan. Da stand z. B.: Montag, 07.30 Blut, 09.30 Mass.,11.00 Schwimmen...Alles das war für die üblichen Patienten ganz einfach zu begreifen. Für mich oder ähnliche Patienten, die einen massiven Gehirnschaden hatten, war es am Anfang kaum nachzuvollziehen.

Als Renate sich am Sonntag Spätnachmittag verabschiedete, las sie mir den Montagsplan vor. Ich versuchte ganz langsam die Wörter nachzulesen, aber nicht alles gelang mir. Ja, und am Montagmorgen hatte mein Gehirn andere Wege genommen. Ich konnte einige Wörter nicht lesen, nicht deuten. Dann war ich schnell am Verzweifeln.
Mein früherer so kluger Kopf, meine hohe Stelle im Betrieb hatten mich verlassen. Wie ein kleines Kind sollte ich schreiben und lesen lernen. Aber auch in späteren Abständen, ja es dauerte ein bis zwei Jahre, die mich depressiv belasteten.
Renate hatte damals einen positiven Brief für die Verwandten über meinen Zustand vorgeschrieben. Ich sollte nur unterschreiben. Aber ich wollte keinen positiven Brief unterschreiben. Es hat doch keinen Sinn. Ich kann nicht lesen. Ich kann nicht schreiben. Ich kann nur mühsam reagieren. Hör und sieh mich doch an. Mein Denken und Tun hat man mir weggenommen! Nein! Ich will nicht unterschreiben!
Wie bereits geschildert, war die Arbeit in der Waldklinik problematisch. Alles war für mich neu, alles musste ich neu erlernen. Wann, was und wo sollte ich anziehen? Ich wollte möglichst nur ganz wenige Sachen haben. Alle neuen, alle zusätzlichen Bekleidungsstücke, Spielgegenstände und eine Art Bürobedarf (Bleistifte, Radiergummi, Locher) irritierten und belasteten mich.

Wenn ich z.B. in einer Gruppe Schwimm- und Wasserübungen machen sollte, musste ich mich umziehen. Aber das rechtzeitige Ändern der Bekleidung, der Sportsachen, war manchmal fehlerhaft gewählt worden. So musste ich am Schwimmbad feststellen, dass ich die Badeschuhe brauchte und statt der Wolljacke hätte ich doch den Bademantel nehmen sollen.
Als Renate mich an einem Nachmittag wieder besuchte, hatte ich das vollkommen durchnässte Hemd auf den Fußboden gelegt, denn ich hatte beim Schwimmen kein Handtuch mitgenommen. Ich fragte, wo ich das nasse Ding wohl hinlegen sollte. Die Schwestern und Pfleger, die Therapeuten, Frau Hilger, Herr Barm, die Ärztinnen und Ärzte haben mir geholfen und mir stets einen guten Weg gezeigt.

08.03. Heute hat Gregor laut geweint. Es war wohl alles zuviel für ihn gewesen. Mehrere Dinge waren zusammen gekommen:
1. Gestern habe ich versucht, ihm das Telefonieren mit der Telefonkarte zu erklären. Aber es war zu schwer. Die ganze Technik war für ihn nicht zu begreifen. Was muss man zuerst, was danach machen? Er hat wohl auch eine gewisse Apraxie, d. i. eine Unfähigkeit zu handeln. Aber das nimmt man hier nicht so ernst. Dazu kommt die Schwierigkeit mit den Zahlen.
2. In der Sprachtherapie hat er nicht kapiert, welche Aufgabe er erfüllen sollte.
3. In der NPT (mit dem Neurotherapeuten) wurde wieder über das Telefonieren gesprochen. Er wollte erklären, dass er mit mir vergeblich geübt hätte, aber der Therapeut hat ihn angeblich nicht verstanden.
Mich macht seine Traurigkeit mit unglücklich und völlig hilflos. Was soll ich bloß tun? Was kommt da auf mich zu? Ich kenne ihn gar nicht so. Er war immer so stark, so sicher und wusste sich immer zu helfen. Mir wird ganz deutlich, dass ich mich in allen Dingen ganz auf ihn verlassen habe.

WIRD ES RENATE ZUVIEL?

12. 03. Ich fühle mich nicht gut. Ich selber muss lernen, dass Gregor „affekt-labil" geworden ist, so hat man es mir gesagt. Mein starker Mann – affekt-labil! Er war nie labil. Im Gegenteil, nichts konnte ihn erschüttern. Nichts konnte ihm etwas anhaben. Labile Menschen konnte er nicht gut verstehen. Das waren für ihn „Kümmerlinge". Nun hat er mit einem Mal Gefühle und weint sogar. Selbst das Wetter wirkt auf ihn ein. Doch mich darf das nicht so stark beeinflussen. Ich darf nicht beim Anblick seiner Traurigkeit auch traurig werden. Ich selber muss stabiler werden. Es ist die Frage: Zieht er mich mit runter, oder ziehe ich ihn mit herauf?

14. 03. Gregor durfte wieder übers Wochenende nach Hause. Alles ging gut, bis es ihm ganz plötzlich zuviel geworden war. Von da an ging nichts mehr, gar nichts... Es war schlimm. Er war verwirrt, orientierungslos, ängstlich, vergesslich, gereizt und

wollte niemanden mehr sehen. Er konnte nichts mehr verstehen und war nicht zu lenken.
Ich habe ihn zur Klinik zurückgebracht. Er war es nicht mehr!
Ich bin sehr traurig und frage mich, ob ich noch einen Partner habe. Ich muss klarer sehen. Ich muss mich entscheiden, es annehmen, so wie es ist. Nur so kann ich mit der Veränderung fertig werden. Es nützt nichts, mit Leuten zu reden, sie verstehen nichts. Zuletzt bleibe ich doch allein.
Am nächsten Donnerstag ist wieder die Angehörigen Gruppe, spätestens bis dahin brauche ich Klarheit.

15. 03. Habe am Morgen mit der Stationsärztin telefoniert.
Es ist wichtig, immer den anzusprechen, der zuständig ist, der kompetent ist. Was nützt mir das Lamentieren am Telefon mit einigen Leuten? Die Ärztin hat meine Not gut verstanden. Sie hat mir geraten, mit Gregor zusammen zu Herrn Barm in die Neuropsychologische Therapie zu gehen. Das habe ich auch getan. Mit Gregor zusammen haben wir die Situation besprochen.
Ergebnis: Ich brauche mehr Entlastung für mich. Ich soll nur noch zweimal in der Woche Gregor besuchen. Gregor ist einverstanden. Er will auch nicht so viel Besuch und braucht mehr Zeit für sich. Auch am Wochenende soll er nur einmal zuhause übernachten. Ich fühle mich jetzt viel freier.

22.03. Das letzte Wochenende von Freitag, 14.30 – Samstag, 17.00 Uhr war nicht so lang und nicht so anstrengend. Gregor ist am Samstagmorgen allein zum Bäcker gegangen und hat Brötchen geholt. Das war eine große Leistung, finde ich.

23.03. Herr Barm hat mir geraten, selber eine Gesprächstherapie bei einem Psychotherapeuten zu machen. Die neuen Umstände seien nicht so einfach allein zu bewältigen. Da habe ich mich sofort zu einer Gesprächstherapie angemeldet.

27./28.03. Dieses Wochenende fing damit an, dass Gregor schon am Morgen weinte, weil er das Frühstück nicht herrichten konnte, wie früher. Es waren zu viele Dinge. Unter Weinen sagte er:

„Ich werde es denen aber noch sagen: Ich bin nicht so. Ich habe nie so geheult. Ich bin nicht so ein Weichei! Im Gegenteil! Ich habe den Leuten immer gezeigt, wo es langgeht! Auch auf der Flucht habe ich nicht geweint!“
Ich habe ihn in den Arm genommen und gesagt, dass ich ihn auch liebe wenn er weint, --- gerade dann!
Später weiß er wieder nicht, wie er es nacheinander mit dem Fegen im Garten machen soll: Erst den großen Besen, dann alles auf einen Haufen, dann den Handfeger, dann die Schaufel, dann? Wohin damit? Solche Handlungen sind zu komplex. Es ist traurig anzusehen. Aber er kann Brot schneiden. Ein gekochtes Ei will ich ihm lieber nicht mehr vorsetzen. Das ist eine Katastrophe.
Ich bin froh, dass er ein anderes Oberhemd mitgenommen hat und einen Pullover und einen Anorak. Bisher hat er immer das gleiche angezogen. Ich glaube, das hängt auch damit zusammen, dass er jahrelang Uniformträger gewesen ist.

PROBLEME MIT DEM BESUCH

Mein großer Freundes- und Bekanntenkreis wollte mich möglichst bald und auch häufiger besuchen. Aber in den ersten Tagen und Wochen wollte ich keinen Besuch empfangen. Mir war das Reden viel zu viel. Ich hörte am liebsten meine Meditations-Kassetten oder die leise passende Musik. Dabei bin ich häufig eingeschlafen.

Renate hatte die Besuchswünsche gut eingeteilt, damit nicht mehrere zusammen kamen. Sie schrieb mir immer genau auf, wer zu erwarten war. So wusste ich immer, wann und wer mich besuchen würde. Ich musste bitten, die Besucher durften mit mir nur je einzeln und leise sprechen. Oft klopfte es an meinem Zimmer. Mit vielen, lieben Worten sprachen die Leute auf mich ein. Sie wollten viel über mich und mein jetziges Leben wissen. Ich konnte kaum antworten, als schon wieder neue, schnelle Worte fielen. Viele Stimmen machten mir Angst. Als sie sich verabschiedeten, sagten sie: „ Du siehst doch gut aus! Es geht dir doch gut. Du hast ein gutes Leben hier in diesem Ferienhaus!“ Dann ärgerte ich mich, weil sie meinten, Kranksein muss unbedingt mit Krücken oder verbundenen Gliedern zusammenhängen. Nach solchen Be-

suchen hatte ich jeweils Kopfschmerzen. Auch heute kann ich einen Besuchskreis von mehreren Personen kaum ertragen. Ich versuche es heute zu drosseln, oder ich gehe in mein Schlafzimmer, das ist mein heiliger Raum.
Aber oft konnte ich mit Freunden und Bekannten draußen spazieren gehen. Dann war alles besser. Die bekannte Wortwahl und meine Antworten klappten gut. Trotzdem, wenn alle wieder verabschiedet und abgefahren waren, war ich immer sehr müde. Mein Kopf bedurfte der Ruhezeit bis zum Abendbrot.
Sehr viele Leute haben mir auch Briefe geschrieben, liebe Briefe, die ich leider nicht selber lesen konnte. Renate hat sie mir vorgelesen. Wir haben sie alle bis heute aufbewahrt.

02.04. Heute hatten wir beide wieder eine schöne Begegnung. Mir scheint es, als hätte Gregor die ganze Zeit über wieder seinen alten Tonfall in der Stimme. Er zeigte mir einen schönen Weg durch den Wald. Er erzählte mir auch von seinen Hoffnungen, dass wir ruhig zusammen leben wollen, dass wir doch unser Auskommen hätten, dass ich auch meine Ruhe haben sollte, dass er mir nicht zur Last fallen wolle. Ich brauche nicht an ihn gebunden zu sein. Ich könne ruhig auch mal weggehen, er würde dann in Garlstorf im Gasthaus „Waldklause" bei Richard (Ritschie) essen gehen. Dem würde er alles erzählen, damit er dort ungestört essen könne. Er hat sich auch Gedanken über unser Haus gemacht: Er will das Glasdach reparieren lassen und den Holzschuppen im Garten vergrößern. Er will auch am Dach selber noch etwas reparieren. „Dann haben wir Ruhe! Dann können wir in Ruhe noch ein paar Jahre abziehen", so sagte er.

Wenn meine Frau Renate mich besuchte, freute ich mich. Mit ihr habe ich mich über meine Tageserlebnisse unterhalten. Wir sind dabei mehrfach den Waldweg bis Bendestorf und zurück gegangen. Dabei erzählte ich auch von den vielen Kranken, die kaum gehen konnten oder in das Schwimmbecken geschoben wurden. Ach ja, ich fühlte mich recht zufrieden. Ich konnte gehen und laufen, das tat mir so gut. Bei schönem Wetter saßen oft Patienten im Gartengelände und unterhielten sich. Ich habe mich mit ihnen kaum unterhalten. Sobald jemand mit mir ein Gespräch anfangen

wollte, spürten sie, dass mir die passenden Wörter fehlten. Die Raucher mochte ich nicht riechen und ihr tägliches Knie- und Hüftleiden wollte ich mir nicht mehr anhören. Ich dachte immer, das Bein oder die Hüfte wird nach vier bis sechs Wochen verheilt sein, aber die Aphasie wird bei mir lebenslang bleiben.
Ich weiß, meine Familie hat mich immer am besten verstehen können. Mit den Söhnen habe ich gute Gespräche führen können. Oft saßen wir auch nur still zusammen.
Inzwischen war es schon April. Renate erinnerte mich daran, dass nun bald Ostern vor der Tür stehe. Ich war so gut genesen, dass mich die Enkelkinder sprachlich gut verstanden.
Sie freuten sich auf den Besuch bei Opa und ich freute mich auch auf die kleinen Geister. Da hatte ich einen Plan. Ich wollte die Kinder überraschen. Ostersonnabend hatte ich im Wald mehrere Nester versteckt. Natürlich musste ich mir alle Stellen gut merken. Ich hatte auch etwas Sorgen. Vielleicht findet ein fremder Mensch die Verstecke. Ach, war das für die Kinder und auch für die Schwiegertochter und unseren Sohn ein angenehmer Waldspaziergang. Die Kinder sind gelaufen und haben gesucht. Jedes mal gab es ein Freudengeschrei. Der kleine Vincent fand die Nester im großen Waldgebiet nicht so schnell, da kam der Opa mit seiner Spürnase in die Nähe des Osterhasen. Da hatte der kranke Opa was Gutes geleistet. Ich denke heute noch an diesen so schönen, sonnigen Ostertag.

GREGOR GIBT NICHT AUF

(Gedanken eines guten Freundes)

Meinen guten Freund Gregor konnte ich nach seinem Gehirnbluten zum ersten Mal wieder besuchen, als er in Jesteburg in der REHA war.
Er hatte mich schon an der Tür erwartet. Gregor schlug gleich vor, eine Wanderung durch den Bendesdorfer Wald zu unternehmen. Er schien mir äußerlich kaum verändert. Obwohl ich durch Renate von seinen Sprechschwierigkeiten wusste, war ich doch erschüttert, als er in der Unterhaltung oft nach Worten suchte, sie nicht fand und wie verzweifelt er dann war. Ich lernte dabei, geduldig seine Sprachlücken abzuwarten und half beim Suchen der

fehlenden Begriffe. Auch wenn dies nicht immer gelang, kamen wir mit der Zeit immer besser ins Gespräch. Als wir an einem Hinweisschild zum Bendesdorfer Seniorenheim vorbeikamen, merkte ich auch, wie schwer es ihm fiel, die Schrift zu entziffern.
Gregor erzählte mir, wie wichtig ihm jetzt „die kleinen Dinge" geworden sind, vor allem in der Natur: die Blätter, die Bäume, die Blumen, die Tiere, die Jahreszeiten...
Was mir auffiel war, dass er seinen guten Orientierungssinn behalten hatte. Er wusste genau, wo der Weg ging.
Am Ende der Wanderung habe ich mich gefreut, wie gut wir unsere Gedanken trotz seiner Sprachprobleme hatten austauschen können.
Ich spürte schon damals: Gregor gibt nicht auf! Er wird kämpfen und an sich arbeiten! – Mit erstaunlichem Erfolg, - wie man heute sieht.

Kuno

MANCHMAL FÜHLTE ICH MICH NICHT BEHINDERT

Mit dem Lernen und Sprechen wurde ich allgemein etwas sicherer und auch mutiger.
Renate hatte mir meine Straßenschuhe mitgebracht, aber ich hatte auch meine Laufschuhe da. Darin fühlte ich mich wohl und es reizte mich, hin und wieder auf den Waldwegen einen kurzen Sprint zu machen. So einen richtigen Morgenlauf, wie ich es jeden zweiten Tag vor meiner Krankheit gemacht habe, das wollte ich nun wieder beginnen. Der einsame Waldweg lud mich dazu ein. Der nächste Tag sollte losgehen. Ich zog meine Sportkleidung an. In der Waldklinik war noch alles still. Unbefugte hatten keine Möglichkeit in das Klinikgebäude zu so früher Stunde einzutreten. Von innen ließ sich die Haustür öffnen. Und so ging ich in ruhigen Schritten bis zum Waldanfang. Nun sah mich keiner mehr, und ich joggte los. Wie gut tat mir die etwas feuchte Waldluft. Nach etwa 2 – 3 km lief vor mir ein Hase. Ach, Häschen, ich will dich doch nicht verscheuchen! Nach meinen üblichen gymnastischen Übungen lief ich wieder zurück. Dem Krankenhauspersonal mochte ich mich nicht als Jogger zeigen. Daher ging ich gemütlich bis zur Haustür. Diesen Morgensport habe ich dann

täglich weiter betrieben. An späteren Tagen traf ich im Wald plötzlich den etwas älteren, gemütlichen Krankenpfleger mit seinem Hund. Ich erschrak erst. Aber er meinte, dass der Sport wohl eine gute Therapie sei. Danach habe ich mutig meiner Stationsärztin etwas von dem täglichen Morgenlauf erzählt. Ach, das fand sie erfreulich. Es war eine gute Ärztin mit viel Verständnis. Ich konnte nicht mehr so schnell und sicher laufen, wie früher. Wenn der Boden uneben war, musste ich gut hinsehen, denn oft bin ich gestolpert. Mein Augenlicht war auch nicht mehr so gut und ungewohnt. Aber eigentlich fühlte ich mich nicht behindert, sondern glücklich.

20. 04. Gregor wirkte wieder sehr zufrieden. „Ich gehe auf die Siebzig zu. Ich brauche nicht mehr nach der Uhr zu laufen und zu radeln. Ich kann alles langsam genießen. Es gibt noch so viel Schönes.“ Das sind wirklich Fortschritte. Stolz erzählte er:„Gestern habe ich unterwegs einem Fremden den Weg gezeigt. Ich konnte gut sprechen und der Mann hat überhaupt nichts gemerkt.“

An gewissen Wochentagen stand für mich auch Sport auf dem Plan. Die richtige Sportkleidung hatte mir Renate schon längst mitgebracht. Am hinteren Bereich des Hauses gibt es eine Sporthalle mit mehreren Sportgeräten. Ein junger Sporttherapeut hat mit uns Kranken gute verschiedene Übungen gemacht. Mir tat das gut, endlich wieder Sport zu machen. Am Ende der Sportstunde durften einige noch wunschgemäß Fußball spielen. Zwei junge Männer waren dabei kaum zu halten. Auch ich machte dabei gerne mit. Leider konnte ich seit meiner Krankheit nicht mehr schnell reagieren. Auch das rechte Augenlicht ist erheblich eingeengt. Ich lief zu einem anderen Sportpatienten. Plötzlich wurde mir der Ball so stark an den Kopf geschleudert, dass ich taumelnd auf den Boden fiel. Der Sporttherapeut untersagte sofort das Fußballspiel. Der betreffende Fußballspieler entschuldigte sich bei mir: „Aber so etwas passiert schon mal“, sagte ich und die Gruppe ging jeweils auf ihr Zimmer.
An einem sonnigen Maitag hieß es: „Heute verlassen wir die Sporthalle. Ziehen Sie die Sportschuhe an!“ Ganz gemütlich trab-

te die kleine Gruppe hinter dem Sporttherapeuten her. Gleich hinter der Waldklinik wird das Gelände hügelig. Den einzelnen Patienten wurde geraten, nicht zu schnell zu gehen oder zu laufen. Mich kannte der Leiter, und so durfte ich kurze Sprints durchziehen. Ach, das tat mir gut.
Es wurde mir auch an gewissen Tagen Belastungstraining geboten. Besonders kann ich mich noch an das Fahrrad erinnern, wobei die jeweilige Zeit und die Belastung am Gerät angegeben wurden. Natürlich fiel mir gleich die Zeit meiner früheren Sportlehrgänge ein. Auch an diesem Ergometer wollte ich wissen, was ich wohl schaffen könnte. O je, ich sah, dass mein Körper durch die Krankheit erheblich gelitten hatte. Ähnlich erging es mir bei der Wassergymnastik. Meistens waren wir eine Gruppe von zehn – fünfzehn Patienten. Die meisten waren hier in der REHA nach Hüft- und Knieoperationen. Sie konnten sich nicht so gut bewegen wie ich. Ich versuchte, mich schnell umzuziehen. Bevor die Therapeutin in die Halle kam, hatte ich schon einige Bahnen gemacht. Meinem Körper tat es sehr gut. Gemeinsam machten wir dann einfache und sinnvolle Wasserübungen. Es endete in der Regel mit Spielen im Gehen und mit Schwimmen. Wenn die Schwimmhalle leer war, bin ich manchmal ohne zu fragen in das schöne Becken gestiegen und habe kräftige Bahnen geschwommen. Aber dann schmeckte mir das Essen!

21.04. Ich glaube, dass Gregor sich in der geschützten Umgebung der Klinik und in seinem überschaubaren kleinen Zimmer am wohlsten fühlt Ich muss damit rechnen, dass er es noch schwer haben wird, nach seiner Entlassung.
Ich will in der Gesprächsgruppe mit den anderen Frauen mal darüber sprechen.

ICH HABE MICH SEHR VERÄNDERT

Mir sind jetzt auch wieder Fotos in die Hände gefallen, die meine Frau während meiner Krankheit im „Rüsselkäfer“ gemacht hat. Ach ja, es ist erschreckend, wie ich am 4. März 1999 ausgesehen habe. Aber schon im Mai sehe ich besser aus. Doch seit meiner Krankheit bin ich ein anderer Mensch geworden. Ja, ich war doch ein lebensfroher, lustiger „Zeitgenosse". Laut und lustig konnte ich eine ganze Runde unterhalten. Ich habe auch interessante Vorträge ausgearbeitet und vor vielen Leuten gesprochen. Ich war viele Jahre in Führungsposition und habe in meiner freien Zeit Gruppenreisen organisiert. Nun fehlen mir auch heute noch gewisse Wörter, die in unserer Sprache dem deutschen Menschen eine große Vielfalt geben. Seit meiner Krankheit kann ich nicht mehr laut sprechen und nicht mehr singen. Meine Stimme im Kirchenchor war klangvoll, so sagte man mir. Heute kann ich nur noch leise schmunzeln. Wenn sich andere nur laut unterhalten, höre ich diese verschiedenen Töne. Sie dringen an mein Gehirn und ich bekomme gleich Kopfschmerzen. Für mich ist es dann ein Glück, ich kann gehen und laufen. Ich kann weggehen. Das ist meine Rettung.

06.05. Herr Barm, der Psychotherapeut hat uns zu einem Dreier-Gespräch eingeladen. Herr Barm war sehr verständnisvoll und freundlich. Es war sehr intensiv. Gregor hat auch seine Nöte ausgesprochen: der plötzliche Kopfschmerz, das plötzliche Weinen. Wir sprachen auch sein großes Problem an: die Versicherungsagentur. Herr Barm rät, dass wir sie aufgeben sollten. Gregor sieht das ein.
Fazit: Wir müssen noch vorsichtiger sein! Keine Gesprächsgruppen! Langsamer sprechen! Nicht zu viel praktische Arbeit! Nicht auf die Arbeit gucken, sondern auf die Uhr! Viel miteinander reden! Mir hat dieses gemeinsame Sprechen gut getan, für Gregor war es fast schon zuviel. Nach dem Gespräch sind wir beide aufs Zimmer gegangen und haben uns zusammen auf sein Bett gelegt und nur meditative Musik gehört. Wir brauchen beide viel Zeit, um den Umfang der neuen Lebenssituation zu verstehen und annehmen zu können.
Mir ist manches auch nicht mehr so wichtig, wie früher. Ich muss über vieles nachdenken, auch über das Leben und den Tod. Am Abend besucht mich manchmal Frau Ursula R. aus der kath. Gemeinde Buchholz. Wir reden nicht viel, aber wir können zusammen beten. Das tut mir gut.
Mir fallen jetzt auch die vielen Kranken auf, und ich habe Mitleid mit ihnen. Meine Augen sind jetzt ganz anders geworden. Ich

sehe auch den Kindern gerne zu und habe viel Zeit. Früher war ich schnell und sehr sportlich. Heute bin ich sehr unsicher und langsam, aber ich sehe mehr als früher. Ich sehe überall die schöne Natur, auch die ganz kleinen Blümchen und Gräser. Beim Wandern wollte meine Frau früher oft stehen bleiben und so etwas Kleines länger ansehen, dann habe ich ungeduldig gedrängt: „Komm, wir wollen doch nicht überall stehen bleiben!"

Auch schon vor meiner Krankheit ging ich gerne allein durch den Wald. Wieder fällt mir ein Jesteburger Spaziergang ein. Nach dem zeitigen Abendessen ging ich einmal einen Weg durch den nahen Wald der Klinik. Es war ein frischer, sonniger Maiabend. Am Waldrand von Itzenbüttel summten die Bienen. Mein Weg ging weiter durch den verschiedenartigen Wald bis hinter dem Forsthaus Eicksüve. Plötzlich stand ein prächtiger Rehbock etwa 50m vor mir. Ohne Bewegung blieb ich stehen. Er schaute in meine Richtung. Nach einiger Zeit machte er mit seinem Abendmahl weiter. Gelegentlich scheuerte er sein starkes Gehörn an einem jungen Baum. Ich mochte mich nicht bewegen. Erst nach einer Viertelstunde ging das edle Tier geruhsam weiter durch das Gestrüpp. Mit diesem frohen Herzen ging ich einen anderen Weg zurück. Später jagten sich noch zwei Hasen. Auch die habe ich nicht verscheucht. All das tat mir gut, und so konnte ich später in tiefer Ruhe einschlafen.

Ja, ich bin ein anderer Mensch geworden, aber ich habe noch immer meine Freude.

09./10.05. Gregor hatte am Wochenende wieder „Heimaturlaub". Es war ein schönes Wochenende. Die Kinder waren da. Gregor hat mit den Enkeln guten Kontakt gehabt. Erst hat er etwa ¾ Stunde mit Lilith die Puppe gekämmt, dann noch ¾ Stunde dem Vincent Verkehrszeichen erklärt. Zuletzt hat er sich zurückgezogen und hingelegt. Den Kindern macht es nichts aus, dass der Opa nicht so richtig sprechen kann. Sie schreien auch nicht herum. Patricia hat es ihnen gut erklärt. Nach zwei Stunden ist der Besuch wieder gegangen. Das war auch genug.

Am Sonntag hat Gregor wieder im Garten gearbeitet. Ich merke: Jetzt denkt er schon an Zuhause.

Inzwischen hat Gregor schon allerlei Dinge wieder gelernt. Er hat den Rasen gemäht, Brot geschnitten, Äste geschreddert, das Auto aus der Garage gefahren, ist eine Stunde allein mit dem Fahrrad gefahren und ist beim Frisör gewesen. Wir sind sehr froh über jede kleine Besserung. Es ist so, dass alle Fertigkeiten verschwunden sind. Erst, wenn ich sie ihm wieder ein oder mehrmals zeige und vormache, erinnert er sich und dann kann er es wieder allein. Oft steht er da und sucht irgendein Werkzeug, einen Gegenstand, mit dem er etwas machen will. Er weiß nicht den Namen und nicht den Ort, wo er so etwas suchen sollte. Dann guckt er verzweifelt in Haus und Garten und irrt hin und her, bis er mich zur Hilfe ruft. Das wird bestimmt noch lange so sein, denn unser Leben ist für ihn doch recht kompliziert.

18. 05. Heute war Gregor im Bett, als ich ihn abholen wollte. Er sagte, er hätte Durchfall gehabt. Er war sehr schwach und hat sich zuhause gleich hingelegt. Dann sind wir, wie abgemacht, zu einer uns gut bekannten Fußpflegerin gefahren. Hier bekam er einen Kreislaufkollaps. Später hat er zwei Stunden geschlafen. Er hat nur wenig Interesse gezeigt, kaum gesprochen und hatte Kopfschmerzen. Ich hatte Angst und machte mir Sorgen. Ich war sehr traurig, denn so kannte ich ihn nicht. Gegen 17 Uhr hab ich ihn überredet und ihn vorzeitig in die Klinik zurückgebracht.

19.05. Heute Morgen war alles schon besser. Die Ärztin sagte, dass es nur am Verlust der Flüssigkeit liege. Er muss viel trinken. Man muss darauf achten! Ich selber bin wieder froh. Aber ich frage mich auch: Bin ich von ihm abhängig?

GRUPPENGESPRÄCH UND FRAGEN STELLEN

Die Sprachtherapeutin, Frau Hilger, hatte regelmäßig eine kleine Männergruppe zu einem Gespräch eingeladen. Ich gehörte auch dazu. Wir waren fünf erwachsene Männer von etwa 50 – 66 Jahren. Der Krankheitszustand, Schlaganfall oder Gehirnbluten, war bei den Patienten nach der Art der Behinderung ganz unterschiedlich. Da gab es den Firmenchef aus Harburg mit einem leichten Schlaganfall. Er konnte ganz gut und fließend mit uns sprechen.

Natürlich drängelte es ihn, in der Firma wieder voll einzusteigen. Seine Frau wusste, dass ihr Mann hin und wieder fehlerhafte Wörter machte. Wir anderen merkten immer, dass wir viel schlechter dran waren, als er. Unser Krankheitszustand wird noch lange, lange dauern, bis wir so sprechen können wie er. Frau Hilger machte mit uns verschiedene Wortfindungsübungen mit schnellem Reagieren von Sätzen. Sie verstand es, uns geschickt zum Sprechen zu bringen. Oft war es sehr spaßhaft. Demjenigen, dem das passende Wort heute nicht gelang, dem wurde langsam geholfen. Manchmal war auch jemand traurig. Einer unserer Gruppe war durch seine Krankheit am stärksten betroffen. Seine rechte Hand und die Fußseite waren gelähmt und er konnte nur wenige Wörter aussprechen. In unserer Gruppe schaute er immer mit dem Gesicht nach unten. Was in ihm vorging, vermag ich nicht zu benennen. Es dürfte wohl große Trauer herrschen. Er habe früher jedes Jahr große Bergtouren gemacht, aber nun hatte man ihm auch das genommen. Ich hätte ihm gerne eine Portion Gesundheit geschenkt. Leider war ich letztlich auch nur ein Kümmerling.

Mit einem dieser Patienten habe ich mich mehrmals über unseren Gesundheitszustand unterhalten. Er verstand es, lebhaft und zeigend zu sprechen. Vieles verstand ich nicht, denn oft sprach er spanisch. Dann stieß ich ihn kräftig an und sagte: „Du musst wieder deutsch sprechen!“ „Ach ja“, meinte er dann, „das Sprechen klappt noch nicht!“ Dieser lebhafte Mann wohnte mit seiner Frau vor mehr als 20 Jahren in Argentinien. Erst vor kurzem war er in der Nähe von Bremen wieder nach Deutschland gekommen. Die Ärzte und das Krankenhauspersonal hat er am Anfang nur in Spanisch angesprochen. Daher klappte unsere Unterhaltung auch nicht so schnell.

Ein wichtiges Thema in unserer Männergruppe war das Auto. Immer wieder fragten wir uns gegenseitig, ob wir noch mit gutem Gewissen wieder Auto fahren könnten. So wurde hin und her diskutiert. Als Firmeninhaber waren für Herrn M. seine Fahrzeuge wichtig. „Natürlich fahre ich weiter mit dem PKW und wenn es sein muss, fahre ich auch einen unserer LKWs.“ Mit uns war es schon schwieriger. Herr S. meinte, er wolle sich sicherheitshalber von einem Fahrlehrer prüfen lassen. Der stets fröhliche Argentinier meinte, er würde demnächst auf der Autobahn zu seiner Wohnung nach Bremen fahren. Er meinte, das Fahren auf der Autobahn ist doch ganz problemlos. Ich wollte ihn davon abbringen. Für mich selber konnte ich noch nicht entscheiden. Ich war unsicher wegen meiner Langsamkeit. Später würde ich mal zu einem Fahrlehrer gehen. Wir waren uns alle einig: Vor unserer Krankheit haben wir Männer doch immer unsere Fahrzeuge gefahren. Frau Hilger meinte: „Euer Thema ist wohl zu wichtig. Die Stunde ist aber zu ende. Ich verabschiede mich bis zum nächsten Mal."

In der Gruppe lernten wir nicht nur Sprechen, sondern auch wieder auf Menschen zuzugehen und andere zu verstehen.

Alle zwei bis drei Wochen gab es in der Waldklinik einen verschiedenartigen Vortrag für die Patienten. Am so genannten „Weißen Brett" waren alle Neuigkeiten zu lesen. In der ersten Zeit hatte ich davon nichts gewusst, denn ich konnte ja leider nicht lesen. Doch ein anderer Patient hatte mich auf einen interessanten Abend hingewiesen. Seitdem mochte ich keinen dieser interessanten Abende missen. Da hat z.B. ein Fachmann über das Bohren von Tiefbrunnen gesprochen. Einmal erzählte der zuständige Förster von seinen Erlebnissen der hiesigen Jagd. Nach dem Ablauf des interessanten Vortrages war es möglich, Fragen zu stellen. Auch ich wollte wissen, ob der Hirsch zu dieser Zeit bereits sein volles Geweih habe. Meine Aphasie hatte ich ganz vergessen. Als ich dann an der Reihe war, stand ich auf. Aber, o weh, das einfache Wort „Hirsch" kam nicht aus meinem Mund. Ich stand da, ...bewegte auch meinen Mund...., drückte und quälte mich.....Der Förster wollte mir gerne antworten, aber es kam nichts aus mir heraus. Ich schämte mich, verließ den Saal und ging auf mein Zimmer. Später meinte ich, so etwas wird mir nicht wieder passieren. Sicher lächeln die Menschen über mein Unwissen. Trotzdem bin ich wieder zu den jeweiligen Vorträgen gegangen. Gemeldet habe ich mich natürlich nicht mehr. Einmal ist auch meine Frau mitgekommen. Da haben die Sprachtherapeutinnen einmal ein eigenes Theater vorgeführt. Sogar die Schlaganfall- und die Gehirnblutenden Patienten haben bei diesem Stück lachen können. Der lang anhaltende Applaus war das Dankeschön für diese jungen Frauen.

20. 05. Heute war ein bedeutender Tag: Wir haben unsere Versicherungsagentur zum 30. 05. gekündigt. Ich habe einen Brief an die Kunden geschrieben. Gregor hat jede einzelne Adresse geprüft und manche noch mit einem kleinen persönlichen Gruß ergänzt. Schließlich hatte er über viele Jahre eine sehr gute, oft freundschaftliche Beziehung zu den Leuten. Dann mussten wir 77 Briefe falten. Gregor hat schließlich die Briefmarken auf jeden Umschlag geklebt. Zuletzt haben wir alle Umschläge gestempelt und am Abend hat Gregor sie allein in den Briefkasten geworfen, der am Eingang der Klinik steht. Das alles war ein wichtiger Akt. Auch für Gregor ist diese Ära nun abgeschlossen.

VERZWEIFELT, MUTLOS, DEPRESSIV

An manchen Tagen in Jesteburg, aber auch später noch, war ich zum Teil sehr depressiv.
Ich merkte, dass alles keinen Sinn hatte. Früher konnte ich alles, und ich fragte mich, soll ich überhaupt noch nach Hause gehen? Dann war ich auch wütend über mich selbst. Wenn der Kopf wenigstens freier würde! Wenn ich allein in meinem Zimmer meine meditative Musik hören konnte, dann ging es besser. Aber die „Hausaufgaben“ wollte ich ja möglichst gut machen. Ich merkte, dass die Wörter mir fehlten, und wenn ich mich noch so doll anstrengte. Ein Trost war für mich der Wald, da sah ich Vögel und Bäume und hörte keine lauten anderen Stimmen. Ich suchte oft das Alleinsein. Es ging eben alles nicht mehr. Natürlich habe ich an die Zukunft gedacht und wollte alles wieder machen, was ich früher machen konnte. Aber vieles musste sich ändern, das spürte ich. Ich war jetzt ein kranker Mensch und bestimmt eine Last für meine Frau. Die Ärzte konnten mir auch nicht viel sagen und nichts versprechen.

25.05. Plötzlich hatte er wieder große Schwierigkeiten beim Sprechen. Er konnte bei Frau Hilger keinen Tagesablauf schildern. Darüber war er sehr verzweifelt. „Es ging plötzlich nichts mehr. Ich bin noch nicht gesund. Du muss immer damit rechnen, dass ich krank bin.“ Sofort war auch sein Schritt wieder schleppend und ataktisch. Seine Stimme war viel zu hoch. Ich will darauf achten, ob solche Beschwerden auch vom Wetter abhängig sind. Es war sehr warm und kurz vor Vollmond. Er hatte sich trotz der Wärme nicht locker angezogen. Er zieht immer das Gleiche vom Vortage an. Aber ich selber bin ganz ruhig geblieben. Ich sage mir, es wird immer mal wechseln.

Manchmal halfen mir ganz praktische Dinge. Damit konnte ich mich ablenken. Meine liebe Schwägerin Eva-Maria hatte für mich etwas sehr Schönes, Sinnvolles geschickt: ein wirklich großes Puzzle als eine Weltkarte mit mehr als 300 Teilen. Sie kannte meinen Sinn für die Geographie. Es war früher einmal mein Lieblingsfach. Mit unseren Enkelkindern hatte ich früher schon kleine Puzzle gefertigt. Aber dieses sollte ein Riese werden. Ich machte mich gleich an die Arbeit. Renate hatte mir ein passendes großes Brett mitgebracht, damit es keinen unnötigen Ärger mit dem Pflegepersonal geben konnte. So konnte alles liegen bleiben und der Tisch war schnell wieder frei. Natürlich gingen die ersten Ecken des Bildes sehr, sehr langsam. Es dauerte Tage bis ich von den Wasserflächen „Land zu sehen“ bekam. Als ich dann endlich ein Stück von Argentinien und Chile hatte, war es für mich klar, das waren die beiden südlichen Länder von Südamerika. Leider fehlten mir wie so oft die Worte, aber die Bilder hatte ich im Kopf. Ich entdeckte die ganze Welt wieder, Länder, Städte und Flüsse. Aber ich vergaß auch schnell wieder. Als eine weitere Hilfe zum Lernen hatte Renate mir einen kleinen Weltatlas mitgebracht. Auch das war für mich wieder eine angenehme Therapie.
Wenn der Chefarzt Dr. Neunzig mit seiner ganzen Ärzteschar zur Visite kam, dann lobten sie mich mit meinem Puzzle. Das war nett, aber ich wusste, der große „Hammer“ wird noch kommen.

26. 05. In der Chefarztvisite wurde entschieden, dass Gregor Antidepressiva nehmen soll. Er selber ist skeptisch. Ich weiß ja, dass er früher immer gespottet hat über die Leute, die „ihre Depri genommen hatten“, wie er sagte. Er hatte dafür überhaupt kein Verständnis.

Ich bin auch später allein in das Bewegungsbad gegangen, wenn kein Mensch dort zu sehen war. Dann spürte ich, da im Wasser kann ich noch schwimmen, wie früher, aber das Lesen und Sprechen, das hatte man mir genommen. Ich habe gesehen, dass andere Patienten genau so schlecht oder noch schlechter dran waren als ich, besonders der gelähmte K., aber das hat mich nicht getröstet. Es hat mich sehr traurig gemacht, dass ich nicht mit anderen zusammen reden konnte in einer Gruppe. Die anderen haben dann geredet und ich kam nicht dazwischen.
Ich hoffe, dass man mich besser versteht, wenn ich aus meiner sehr, sehr dicken gesammelten Mappe diese Blätter beifüge. Damals brauchte ich bestimmt für jede Aufgabe zwei Stunden Zeit. Und selbst heute gebe ich mir beim Lesen Mühe und immer wieder Mühe, aber nur ein oder zwei passende Wörter fallen mir ein. So wie damals tut mir noch heute der Kopf weh und ich möchte am liebsten weggehen und aufhören, diese Aufzeichnungen zu machen.

29./30.05 An diesem Wochenende war Gregor immer noch verstört, deprimiert und stark verlangsamt. Ich wollte ihn mitnehmen, um in Winsen für uns beide Fahrradhelme zu kaufen. Aber er wollte nicht mit. Ich habe ihm eine Arbeit im Garten vorgeschlagen. Das ist für mich etwas ganz Neues. Natürlich hat er früher immer selbst entschieden, welche Arbeit er tun wollte.
Aber jetzt fehlt ihm die Übersicht. Ich muss ihm eine Arbeit anbieten, bereitstellen und ihn auch beobachten und evtl. dabei helfen. Er darf jedoch nicht das Gefühl bekommen, dass ich die Oberhand habe. Es ist immer leichter für mich, wenn er fragt: Was meinst du? Was soll ich tun?
Zum Glück kam Thomas und hat mit ihm zusammen die Dachrinne sauber gemacht. Das hat ihn sehr gefreut, denn so eine Arbeit ist auch sehr komplex. Wenn man gesund ist, weiß man das gar nicht. Es ist alles nicht so einfach.

A 15
C 66

Hat

= Hahn

W/KON	N/N	Ober-/Unterbegriff	1_10

Finden Sie einen Namen für die aufgezählten Dinge:

Forelle, Hai, Scholle	*Fische*
Tee, Cognac, Saft	Gettränke
Rathaus, Turm, Schule	Gebäude
Hummel, Käfer, Mücke	Insekten
Straßenbahn, Motorrad, Auto	Kraftfahrzeuge
Afrika, Europa, Asien	Erdteile
Klavier, Flöte, Ziehharmonika	Müsikinstrümente
Plätzchen, Torte, Brezel	Gebäck
Spaten, Harke, Rasenmäher	Gartengeräte
Tabletten, Spritze, Tropfen	Medikamente
Pfeffer, Curry, Paprika	Gewürze
Korken, Deckel, Klappe	Verschlüß
Löwe, Tiger, Panther	Raubkatzen
Staubsauger, Fön, Herd	Elektrogeräte
Kugelschreiber, Füller, Griffel	schreibutensilien
Fußball, Tennis, Fechten	Sportarten

Was ist das?

Kalb, Milch, schwarz-weiß, Wiese KUH (Kühe)

Bart, klettern, meckern, Käse Ziege

Schwanz, bellen, wedeln, treu Hund

Ferkel, Ringelschwanz, Dreck schwein

Federn, früh, krähen Hahn

Wolle, Lamm, Milch schaf

reiten, Hengst, Schweif Pferd

schnurren, Samtpfoten, Mäuse Katze

Ei, Küken, Federn Hühner (Henne) (Huhn)

Honig, Stachel, summen, fleißig Biene

Fliegen, Nest, Federn, zwitschern Vögel

Immer wieder spürte ich, wie schwer es ist. Immer wieder fehlte mir alles. Ich dachte, ich weiß nichts, ich kann nichts. Hat es überhaupt für mich älteren Mann einen Sinn, mich diesen Strapazen zu unterwerfen? Doch dann kam mein alter Sportsgeist auf mich zu: „Du übst und übst! Im Leben hast du schon so viel mit Mühe geschafft!“ Ja, womit sollte ich anfangen? Es fehlte ja an allen Ecken. Es gibt ja so viele kleine und wichtige Wörter. Womit fing Frau Hilger heute wieder an? Diese kleinen Schritte im Leben – es waren kleine Kinderschritte. Und wenn sie mir auch manchmal nicht gelangen, der Anfang war ja schon gemacht.

Nach vier Monaten ständiger Arbeit mit Frau Hilger empfand ich deutlich, ja, das hatte alles einen Sinn, das schaffe ich. Zwar hatte ich zwischendurch immer mal wieder einen Tiefpunkt gehabt, aber schon am nächsten Tag hatte mich Frau Hilger wieder aufgebaut. Ich suchte langsam und manchmal verbissen Unterbegriffe und Oberbegriffe, Gegensätze und Tätigkeitsworte. Ich buchstabierte und radierte, ich schrieb Sätze und füllte Kreuzworträtsel aus. Ich plagte mich mit den ganz kleinen Wörtchen: in, über, unter, vor, und zwischen. Ich lernte die Uhr und die Zahlen, die Maße und die Gewichte.... Und immer wusste ich, dass ich noch lange nicht fertig war, dass es immer weiter gehen musste. Frau Hilger hatte ein gutes Gefühl für mich. Sie wusste, bis zu welcher Grenze dieser kranke Mensch gehen konnte.

3. DAS NEUE LEBEN ZU HAUSE 06.-02.2000

ENDLICH WIEDER NACH HAUSE

Nun ist diese Zeit auch vorübergegangen. Gregor kommt wieder nach Hause. Ich weiß, für uns beide wird das Zusammenleben jetzt anders sein, ganz anders. Es kann niemals wieder so sein wie früher. Er hat sich verändert. Ich muss mich darauf einstellen. Wir haben in der Angehörigen-Gruppe darüber gesprochen. Für manche Partner ist es noch viel schwerer. Manche müssen die Wohnung behindertengerecht umbauen oder sogar umziehen. Ich muss alles ruhig auf mich zukommen lassen und erst einmal sehen.
Ich will den Nachbarn erzählen, dass ich ihn morgen gegen Mittag abhole. Ich möchte, dass sie ihn begrüßen mit einem Glas Sekt. Sie wissen nicht, wie sie ihn ansprechen sollen, und er hat Angst, sie zu treffen. Doch wir hatten immer gute Nachbarschaft. Ich denke, besser mit allen kurz anstoßen, dann ist der Bann gebrochen. Gute Nachbarschaft wird auch in Zukunft für uns wichtig sein.
Ich habe eine neue Hausärztin für Gregor und mich besorgt. Sie wohnt in unserem Dorf. Das macht uns alles leichter, denke ich. Gregor war einverstanden, und ich habe in der Praxis zunächst einmal gefragt, ob Frau Dr. Früh ihn mit seiner Behinderung überhaupt annimmt. Doch man hat sehr freundlich zugesagt. Ich habe alle ärztlichen Unterlagen zu der neuen Ärztin gebracht. Nun hoffe ich, dass sie gut ist.

Im Juni 1999 durfte ich nach 5 Monaten wieder nach Hause. Eigentlich fühlte ich mich in meinem kleinen Zimmerchen in der Klinik gut aufgehoben und ich hatte gewisse Ängste, obwohl ich mich auch auf Zuhause freute. Ich erinnerte mich, dass ich bei den kurzen Besuchen am Wochenende in unserem Haus kaum einige unserer Gegenstände benennen konnte. Ich wusste nicht, wofür wohl ein Besen sei, oder wie ich das Kaminholz zum Verbrennen bekomme, oder wie Tee gekocht wird, usw., usw.

Jede tägliche Kleinigkeit war für mich fremd. Heute nun, würde ich sicher vieles besser wissen. Renate sagte zu mir: „Ach, du wirst es leicht kennen lernen!“ Meine Frau hatte mein Kommen in der Nachbarschaft erzählt. Mit einem Glas Sekt haben meine Nachbarn mich vor unserem Haus begrüßt. Ich fühlte mich mit diesen vielen Menschen unsicher. Lieber wäre ich möglichst schnell in unser Haus gegangen. Obwohl ich die Nachbarn seit Jahren kannte, fehlten mir die wenigen Wörter, etwas zu beantworten. Nach einem passenden Foto haben wir uns in unser Haus begeben.

Wir haben einen relativ großen Garten, der von verschiedenartigen hohen Bäumen umzogen ist. So ging ich gleich in die hintere Hausseite um keine Menschen mehr zu sehen und zu hören. Hier fühlte ich mich sicher, so sicher wie im großen Wald der Waldklinik Jesteburg.

Nach einigen Tagen hatte ich mich schnell an mein eigenes Zuhause gewöhnt.

WAS MUSS ICH SUCHEN, UND WIE MUSS ICH ES GEBRAUCHEN?

Ich ging staunend durch unser Haus. Manches kam mir bekannt vor, manches aber auch ganz fremd. Dieses so genannte Bekanntsein war so zu verstehen, dass diese vielen Teile und Sachen zu uns gehörten. Für die Arbeit am Haus und unserem großen Garten war es erforderlich, Werkzeug zu besitzen. aber wozu und wie ich z. B. das Werkzeug und die Maschinen benutzen sollte, das machte mir Angst. Ich wusste es nicht mehr. Nicht selten stand ich in unserer Werkstatt und überlegte lange, was oder welchen Gegenstand ich überhaupt suchte oder zu gebrauchten hätte. Ich wollte etwas erledigen und wusste, dass ich früher dazu etwas benötigt habe. Aber was? Wie hieß das Ding und wo finde ich es? Ich lief im Keller und im Garten oft hin und her und wusste nicht, wo ich suchen sollte. Manchmal kam mir etwas später auch der „leuchtende Gedanke“, darüber freute ich mich. Andere Teile oder Wörter wollten aber nicht in den Kreis meiner Augen kommen. Ich musste es aufgeben. Dann ging ich zu meiner Frau in die Wohnung und rief sie um Hilfe. „Ich hatte doch immer so einen..., einen.... Ich weiß das Wort nicht. So einen großen...“ Dabei hob und schob ich mit beiden Armen, und zeigte, wie man mit dem Ding arbeitet. Dann fragte meine Frau manchmal noch nach: „Wie groß ist das denn? Brauchst du das für Holz oder Eisen? „Na ja“, sagte ich, und zeigte in der Luft einen länglichen Gegenstand, der hin und her geschoben werden sollte. Obwohl meine Frau kein dircktes Handwerk gelernt hatte, war sie in diesem Bereich so findig und kam nach weiteren Fragen auf den von mir gesuchten Gegenstand. Es war eine Feile. Dieses ist nur ein Beispiel. Viele, viele Gegenstände im Haus und im Garten musste ich mühsam suchen, oft noch heute.

Gregor findet sich nur langsam zurecht. Ich muss aufpassen und sehen, was er machen will. Immer wieder fragt er mich oder ich sehe ihn suchend durch den Garten laufen. Es ist schlimm, wenn jemand nicht lesen kann: „Ist das Zahnpasta?“ „Soll ich das für die Hände nehmen?“ „Hier ist die Post! Lies mal, bitte!“ „Wann gibt es Fußball?“ Er kann eigentlich nur langsam buchstabieren. Ich weiß, es wird bestimmt besser. Ich habe nie gemerkt, dass es überall. so viele geschriebene Informationen gibt. Ich muss mir im Haushalt eine Hilfe besorgen Ich brauche zuviel Zeit für Gregor.
Wenn ich aus dem Haus gehe, wird er ganz unruhig. Er sieht lange meinem Auto nach und winkt. Wenn ich zurückkomme fragt er: „Wo warst Du so lange? Ich hatte Angst, dass Dir etwas passiert wäre.“

Auch schon bedingt durch meinen Beruf war ich sehr ordnungsliebend. Diese Ordnungsliebe hatte ich aber auch schon als Kind mit meinen Spielsachen. Diese fast pedantische Ordnung war mir erhalten geblieben und ich wusste, alle Sachen befanden sich bestimmt wie eh und je auf ihren Plätzen. Aber der kranke Mann konnte nicht sagen, wo und was es bedeuten sollte. Es blieb nicht aus, dass ich mehrere Arbeitsfehler beging, dass ich z. B. das Elektro-Kabel vom Rasenmäher durchschnitten habe. „Viel zu gefährlich!“, meinte meine Frau, weil ich mit der langen Leiter die Dachrinne reinigen wollte. Ich war aber sehr stur und sagte: „Das habe ich doch jedes Jahr gemacht.“ Dass ich früher dafür einen Eimer benötigt hatte, das wusste ich nicht mehr. Den verschiedenartigen Dreck aus den Dachrinnen habe ich von oben mit den Händen auf die Terrassenfliesen oder auf das Blumenbeet geworfen. Wie gesagt, das waren nur Beispiele, an die ich mich noch gut erinnere. Erst nach Wochen wurde ich in der eigenen Umgebung vertrauter.

Wir müssen jetzt regelmäßig die Sprachtherapie neu verordnen lassen. Natürlich braucht Gregor auch jetzt Tabletten gegen den hohen Blutdruck. Aber er hasst Tabletten: „So'n Kram habe ich nie genommen!" Mit unserer Hausärztin, Frau Dr. Früh, kann ich gut sprechen. Sie ist auch Psychotherapeutin und kann unsere Lage gut verstehen. Gregor ist beim Arztbesuch sehr ängstlich und nervös. Aber die Ärztin wartet ruhig, wenn Gregor langsam spricht. Das beruhigt ihn. Vielleicht kann er später ganz allein zu ihr gehen, wenn er mehr Vertrauen gefunden hat. Das wird mich sehr entlasten.

ÜBER TÄTIGKEITEN SPRECHEN

Das weitere Lernen und Üben der Wörter wurde zum Glück nicht unterbrochen. Ich konnte weiter ambulant zu Frau Hilger in die Waldklinik fahren. Zweimal in der Woche wurde ich von einem Taxi hin und zurück gebracht. Ich war sehr froh darüber, denn in der Zwischenzeit hatten ich mit Frau Hilger, und ich meine sie auch zu mir, ein vertrautes Verhältnis. Die passenden Gespräche über meine Familie, die Kinder und Enkel habe ich ihr geschildert. Diese offenen Gespräche wurden immer besser. Dabei lernte ich immer mehr Hauptwörter aber jetzt auch die Verben, die Tätigkeitswörter. Die waren ja auch alle verschwunden. „Der Mann bindet seine Krawatte. Die Frau schaut aus dem Fenster." Und ich erzählte Frau Hilger, was ich zuhause getan habe.
An einem Wochenende besuchten uns unsere Kinder mit den beiden Enkelkindern. Gerade das Sprechen und Spielen mit den lieben, gut erzogenen Enkelkindern war für mich eine große Freude. Ihnen wurde gesagt, dass der Opa lange sehr krank war und dass er auch heute manches nicht so schnell weiß und nicht schnell sprechen kann.

Schreiben Sie einen passenden Satz

4 Der Junge schreibt seine Daten nieder

8 Das Mädchen wird mit einem Pinsel malen

12 Die Frau schneidet ihr Brot.

16 Die Näherin näht den Knopf an

20 Die Frau Ließt ihr Buch

24 Der Junge ißt seinen Kuchen

Damit hatten die Kinder keine Sorgen. Für sie, meine ich, war ich immer noch der liebe Opa.
Vincent (5 Jahre) fragte mich heimlich, was er seinem Vater wohl zu Weihnachten schenken könnte. „Was meinst du dazu, wenn du ihm etwas basteln würdest? Ich könnte dir dabei helfen.“ Meine Frau kam auch zu uns. Sie überlegte mit uns und meinte dann, es wäre gut, aus Holz eine Eule zu sägen. Ja, das war eine gute Idee. Ich begann zu suchen. Ganz unterschiedliche Bretter lagen im Regal. Meine Frau suchte mit mir die richtige Säge. Sie hatte auch Pinsel und Farbe und ein schönes Bild in einem großen Buch. Nach einigen Wochen kam Vincent wieder. Nun sollte die Eule fertig werden. Alles war gut vorbereitet. Vorsichtig und mit großer Mühe arbeiteten wir in der Werkstatt und auch in der Küche. Es war wirklich ein schönes Stück geworden. Es war Vincents Weihnachtsgeschenk für seinen Vater.
In der Therapie erzählte ich Frau Hilger von unserer Eulenarbeit. Sie sagte, das sei für mich eine Therapie und gleichzeitig sei es ein Geschenk für den kleinen Vincent. Der Junge meinte, mit Opa zusammen würde er doch noch zu gerne einen Dinosaurier aus Holz sägen.
Nicht so leicht für mich. Ein Dinosaurier war weit aus schwieriger zu fertigen. Wo und welche Hölzer waren da zu finden? Ich stand wieder hilflos mit bewegten Armen. Es sollte doch auch ein dünnes Brett sein. Meine Frau half uns wieder. Sie meinte, es müsse Sperrholz sein. Wo es zu finden sei, wisse sie leider auch nicht. Wieder stand ich hilflos da. Wieder hatte mich der Ordnungssinn verlassen. Die Arbeit und die Freude mit Vincent sollte aber doch nicht ein jähes Ende haben. Und dann kam doch noch ein Lichtblick. Auf dem Dachboden fand ich verschiedene Sperrhölzer. Dann begann wieder das verzweifelte Suchen nach der Säge. Vermutlich hätte ich es aufgegeben, wenn nicht Vincent vor mir gestanden hätte: „Opa, ich glaube, du findest das!“ Wieder half uns meine Frau. „Wer suchet, der findet!“, sagte sie zu uns. Sie erinnerte mich an die Laubsäge. In einem der oberen Fächer lag ordnungsgemäß die Laubsäge und verschieden starke Sägeblätter mit dem passenden Schleifpapier. Auch diese Teile waren für mich alle fremd und ungewohnt. Gemeinsam bauten wir alles zusammen. Einige der kleinen Sägeblätter brachen bei mir und

auch bei dem kleinen Vincent. Aber nach einigen Stunden konnte Vincent seinen glatt geschliffenen Dinosaurier den Eltern zeigen. Frau Hilger habe ich alles erzählen müssen und ich erhielt von ihr immer neuen Mut.

ICH WURDE WIEDER BEWEGLICHER

Ich habe so wenig Kraft zum Kämpfen. Früher hat Gregor immer alles durchgeboxt. Er hat immer für alles gekämpft. Das hat ihm sogar Spaß gemacht. Jetzt merke ich deutlich, dass er für mich „der Schutzmann" war. Ich hatte mich ganz auf ihn verlassen. Er regelte alles. Auch den täglichen Ablauf bestimmte meistens er. Nun muss ich mir Überblick über die Ordner verschaffen. Muss an die Krankenkasse schreiben. Was heißt eigentlich „Schwerbehinderter"? Welche Rechte haben wir jetzt? Ich will mir noch ein geeignetes Buch besorgen.

Wie bereits gesagt, musste ich zweimal in der Woche zur ambulanten Therapie. Von unserem Dorf aus gab es aber keinen Bus nach Jesteburg. Meine Frau musste mit der Krankenkasse verhandeln, denn die nächste Möglichkeit wäre Lüneburg gewesen, also noch weiter.
Man bewilligte mir also ein Taxi. Das war zwar bequem, aber mich ärgerte, dass es nie so ganz pünktlich war. Ich wollte fünf oder zehn Minuten vor Beginn der Therapie in der Klinik sein. Aber es klappte einfach nicht. So etwas missfiel Frau Hilger und mir natürlich auch. Meine Frau meinte, wir sollten zu einem anderen Taxiunternehmen wechseln. Ich sagte daraufhin, ich könnte nun schon die 7 km bis zum nächsten Dorf mit meinem Fahrrad fahren, und dann in den Bus steigen. Doch es war eine Landstraße ohne separaten Radweg. Körperlich sah ich keine Probleme, und vom Kopf her müsste das wohl auch gehen. „Aber darüber wird sich die Krankenkasse freuen", sagte meine Frau. Sie selber freute sich nicht, glaube ich. Ich wollte zumindest sportlich ein Stückchen besser sein. Unsere Hausärztin hatte auch Bedenken wegen meiner Augen. Ich schlug mit der Hand in den Wind und fuhr los. Meine Frau hatte für mich einen einfachen Busplan gefertigt. Zeitgerecht fuhr ich los. Der Bus kam pünktlich und so zeigte ich

meinen Behinderten-Ausweis. Hier war mein Name und Passfoto zu sehen. Dem Busfahrer sagte ich, er möge in Richtung Jesteburg-Waldklinik anhalten. Die restlichen 15 Minuten ging ich gerne zu fuß. Frau Hilger erzählte ich, dass ich von jetzt ab mit dem Fahrrad und dem Bus komme. Sie meinte, dass ich wieder ein Stückchen weiter gekommen sei. Mit der Waldklinik hatten wir in Zukunft für mich ein Mittagessen vereinbart. Über das reichhaltige, gute Essen freute ich mich. Bis zur Rückfahrt musste ich etwa 2 ½ Std. warten. Aber das machte mir nichts aus. Den vertrauten Wald oder die unterschiedlichen, zum Teil sehr prächtigen Häuser schaute ich mir gerne an.

Gregor kann oft seine Lage nicht objektiv einschätzen. Er erinnert sich an früher und vergisst, dass er sich inzwischen geändert hat. Wir haben sein Herrenrad verschenkt und ihm ein Damenrad gekauft, weil er vom Herrenrad nicht schnell genug absteigen kann. Durch die Blickfeld-Einengung im rechten Auge neigt er dazu, auf der Straße nicht weit genug rechts zu fahren. Neulich ist er mit der rechten Schulter gegen einen parkenden Anhänger geprallt. Er hat ihn nicht gesehen. Er hat mir auch erzählt, dass er ein kleines Kind erst im allerletzten Augenblick gesehen hat. Das macht mir große Angst. Soll man ihm das Radfahren verbieten? Ich muss die ruhigen Radwege der Umgebung erkunden. Ich denke, wir sollten viele kleine Radtouren machen, dann wird es bestimmt besser. Für die Dunkelheit besorge ich ihm noch Leuchtstreifen, damit er besser gesehen wird. Mit Sorge warte ich immer auf ihn, wenn er zur Sprachtherapie über die Landstraße fährt. In der dunklen Jahreszeit hole ich ihn – gegen seinen Willen – mit dem Auto ab.

BIN ICH JETZT EIN WEINENDER, KRANKER, ALTER MANN?

Einmal fuhr ich wie üblich mit dem Bus zur Sprachtherapie. Auf der Rückfahrt zeigte ich dem Fahrer mein Ausweismäppchen. Der Fahrer guckte darauf und fragte: „Wo ist die Wertmarke?“ Ich wurde sofort ängstlich und sagte: „Wieso? Etwas anderes habe ich nicht, und meine Frau sagte, das hier ist alles so in Ordnung.“ „Sie haben aber keine Wertmarke! Also bezahlen Sie oder steigen

Sie aus!“ Mein Gesicht wurde ganz heiß und der Kopf begann zu schmerzen. „Ich habe aber kein Geld, und meine Frau sagte mir, dass ich den richtigen Ausweis habe.“ „Sie halten uns nur auf“, sagte der Fahrer, „Ohne Geld gibt es nämlich hier nichts!“ Weinend sagte ich: „Ich bleibe hier! Holen Sie die Polizei, die wird mir helfen.“ Dann behielt der verärgerte Fahrer meinen Ausweis und fuhr los. An der nächsten Station schaute sich der Mann nochmals meine Ausweismappe an und sagte nur: „Da haben wir ja die Wertmarke“, und reichte mir die Papiere zurück. Mein Kopf schmerzte. Gebückt hielt ich ihn mit beiden Händen und weinte. Ich konnte mich nicht beruhigen. Was sollten die Schulkinder von mir denken, die mit mir im Bus saßen? Ich schämte mich sehr.
Als ich endlich in Thieshope ankam, blieb ich noch lange im Bushäuschen sitzen. Was war nur aus mir geworden? Ein weinender, kranker, alter Mann?
Ich habe doch in meinem bisherigen Leben nie geweint. Mir fiel die Zeit vom Kriegsende wieder ein. Wir wurden von der russischen Artillerie beschossen. Es knallte, die Fensterscheiben schlugen gegen uns. Meinen Bruder hat es so stark getroffen, dass er ins Lazarett musste, und wir ihn nie mehr wieder gesehen haben. Ich war erschüttert, aber geweint, nein, geweint habe ich nicht. In dem Tumult habe ich auch unseren Flüchtlingswagen und meine Eltern verloren. Ich war gerade 11 Jahre alt, aber geweint habe ich nicht. Deutsche Soldaten gaben mir den Auftrag, mit zwei Pferden ihre Feldküche zu lenken. Der Feldkoch war zuvor tödlich getroffen worden. Als wir so durch die zerstörte Stadt Ohra vor Danzig fuhren, sah ich viele Tote liegen. An einem Straßenbaum hatte man einen großen Jungen erhängt. Ein schiefes Schild hing an seinem Hals: „Ich bin ein feiges Schwein“ Mein ganzer Körper begann zu zittern. Ich hatte Angst und war traurig. Aber ich habe nicht geweint. Ich hatte doch eine Aufgabe. Ich hatte die Pferde zu lenken.
Und heute? Heute war alles anders mit mir. Immer wieder kamen mir die Tränen. Ich konnte nicht aufhören zu weinen. Früher ein Polizei Hauptkommissar, - das konnte doch nicht stimmen. Was war mit meinem kranken Kopf los? Ich konnte mich selbst nicht verstehen.

Zuhause erzählte ich alles meiner Frau. Sie erinnerte mich, dass ich doch immer alles Nötige bei mir habe. Gemeinsam und in aller Ruhe besahen wir noch einmal alle Sachen, die in meiner Umhängetasche waren.

Ich habe Gregor eine praktische Umhänge-Tasche mit mehreren Fächern besorgt Da hat er alles immer griffbereit zusammen: Hausschlüssel, Ausweis, Behindertenausweis mit Wertmarke und Streckenplan, Geld, die wichtigen Adressen und Tel. Nummern, die Buszeiten, Taschentücher, Wasserflasche, Bleistiftmäppchen und evtl. Schirm
Aber ich muss damit rechnen, dass er plötzlich in der Not nicht mehr weiß, wo er etwas hat. Ich bin immer sehr unruhig, wenn er allein losfährt. Aber er muss doch wieder selbständig werden.......

Schon am kommenden Tag schrieb meine Frau dem Busunternehmen, wie ihr Fahrer sich gegenüber einem kranken Menschen verhalten habe. Natürlich entschuldigte sich die Firma, aber für mich hat es lange gedauert, bis sich die Angst beruhigt hatte.
Geweint habe ich noch öfter. Meine Söhne und meine Frau sagten mir, dass sie froh darüber wären, dass ich nicht mehr so hart wäre, wie früher. Das ist vielleicht wahr. Ich denke auch heute noch darüber nach. Ich kann jetzt Kranke besser verstehen, auch alte Menschen und Kinder. Ich habe gute Gespräche darüber geführt, besonders mit meiner Frau und mit den Söhnen.

DAS LEID MIT MEINER GERÄUSCH-EMPFINDLICHKEIT

Ein großes Problem für mich ist die übermäßige Geräusch-Empfindlichkeit. Sobald mehrere verschiedene Geräusche auf mich eindringen, bekomme ich unangenehme Schmerzen im Kopf. Der Ohrenarzt verordnete mir Ohrenstöpsel nach Maß. Man hat sich da viel von versprochen, aber sie dichten trotzdem nicht ganz fest ab. Angeblich dürfen sie das auch nicht, weil man sonst verunglücken könnte. Kurz und gut, die Stöpsel benutze ich nicht sehr oft. Im Restaurant etwa sind sie beim Essen sehr unangenehm, weil die Luft beim Kauen nicht entweichen kann. Wenn in einer Gesprächsgruppe mehrere Personen gleichzeitig sprechen, kann ich es nicht aushalten. Meistens bitte ich Leute, nach einander zu reden, aber das vergessen sie nach ein paar Minuten. Dann gehe ich einfach weg. Bei Familienfeiern findet sich manchmal ein Nebenraum, in dem ich mit Einzelnen trotzdem ruhig reden kann. Aber ich fühle mich nicht gut dabei. Ich fühle mich ausgeschlossen, aber meine Frau drängt mich, mitzukommen und mich nicht zu isolieren. Es ist jetzt so, dass ich am liebsten alle größeren Versammlungen vermeide. Aber ich denke auch, die anderen verstehen mich überhaupt nicht, weil man so eine Behinderung nicht sehen kann. Ich muss auch nicht überall dabei sein.

Unser Leben hat sich geändert. Ich befürchte, dass wir uns immer mehr isolieren. Die letzte Familienfeier war wieder für ihn viel zu viel. Man kann nicht alle Leute ruhig halten. Er war sehr unglücklich, weil er es nicht aushalten konnte. Ich war auch sehr traurig, denn ich wäre gerne noch dageblieben. Die Kinder waren auch betroffen, denn sie hatten es gut gemeint. Muss ich in Zukunft allein zu Feiern gehen? Kann ich ihn allein zuhause lassen? Versteht er das? Wir können auch nur noch höchsten zwei Personen zusammen einladen, sonst bricht er zusammen und muss sich auf sein Schlafzimmer zurückziehen. Das ist für mich auch nicht gut zu ertragen.

Der Kopfschmerz ist auch besonders stark, wenn ich z.B. im Innenbereich des Hamburger Hauptbahnhofs bin. Dann muss ich mir mit beiden Händen die Ohren zuhalten und schnell aus dem Lärmbereich gehen. Auch die hohen Töne von Kindern sind mir sehr unangenehm. Wenn eine Schülerklasse plötzlich in die U- oder S-Bahn einsteigt, muss ich unverzüglich aussteigen. Der Schmerz in meinem Kopf ist unerträglich. Inzwischen kann ich mir gut helfen. Entweder ich gehe in einen anderen leeren Wagen oder, wenn etwa viele Fußballfans mitfahren, dann steige ich zur 1. Klasse um und erkläre dem Kontrolleur mein Problem. Die haben eigentlich immer Verständnis, und ich darf ruhig sitzen bleiben. Ich habe auch schon im Zug oder in der Bahn einzelne Fahrgäste um Verständnis gebeten, wenn sie sich so laut unterhalten haben oder so laut in ihr Handy gesprochen haben.

Ich muss mich auch vor lauten Baumaschinen in Acht nehmen und kann den Straßenlärm nicht vertragen. Lautes Hundegebell quält mich. Zum Glück leben wir auf dem Land. Ich weiß nicht, wie es mir ergangen wäre, wenn wir noch wie früher in der Großstadt leben würden. Sicher war es eine gute Fügung umzuziehen, sodass wir es hier in unserer Umgebung jetzt so ruhig haben. Das sage ich mir immer wieder.
Einige Male kam ich richtig in Panik wegen der vielen Geräusche. Da wusste ich nicht mehr, was ich tun sollte. Das passierte mir auch im September 2000 auf einer Radtour.
Renate hatte die gute Idee, dass wir gemeinsam eine Radtour durch das Wendland machen könnten. Es gibt dort gut ausgeschilderte Wander- und Radwege, und wir konnten eine geplante Tour buchen. Genaues Kartenmaterial bekamen wir vom Reisebüro. Früher hatte ich immer die passenden Karten ausgesucht und den Weg überlegt. Nun musste Renate all das besorgen, planen und überlegen. Manchmal hätte ich gerne einen Tipp, einen Rat gegeben, aber es hatte keinen Sinn. Ich konnte nicht lesen und mir fiel das passende Wort nicht ein. Trotzdem, wir waren guter Dinge und freuten uns an der herbstlichen Landschaft. Die Wege waren so geführt, dass es sich hauptsächlich um abgelegene Straßen und kleine Rundlingsdörfer handelte. Manchmal war es für Renate nicht so einfach, die Karte zu lesen. Die Markierungen waren ungenau. Dann habe ich mich auf meinen Orientierungssinn verlassen, der mir zum Glück noch geblieben ist. Doch trotzdem bekamen wir einmal große Probleme, als wir uns einer stark befahrenen Straße näherten. Wir hielten an und peilten die Umgebung. Nach unserem Plan sollten wir etwa 5 km auf dem Radweg an dieser Straße weiterfahren. „Wir haben keine andere Chance“, sagte Renate. „Ja“, sagte ich, „lass es uns versuchen.“ Renate fuhr los und ich hinterher. Die PKW, die Busse, die unterschiedlichen LKW – alle fuhren ohne Unterlass. Es war ein Brummen, Jaulen, Kreischen und Pfeifen. Mein Kopf begann sofort zu schmerzen. Ich schrie Renate zu: „Das halte ich nicht aus.“ Ohne weiter zu fragen bremste ich, wendete und fuhr zurück in den Seitenweg. Dort hatte ich vorher einen kleinen Weg gesehen. Im weitesten Sinne durfte dieser Weg auch unsere grobe Richtung haben. Ohne auf Renate zu achten, fuhr ich weiter. Mir war alles egal. Ich

wollte unbedingt dem Lärm und den Schmerzen entfliehen. Nach etwa 2 km hielt ich an, um nach Renate zu sehen. Ich war vollkommen depressiv. Ob ich vernünftige Entscheidungen traf, weiß ich nicht. Der Kopf schmerzte. Als etwas später Renate angeradelt kam, versuchte ich mich zu beruhigen. Nein, nein, solchen Lärm kann ich nicht aushalten. Das Fahrrad hatte ich zur Seite gelegt. Die Augen hielt ich geschlossen. Den kranken Kopf ließ ich hängen. Renate half, mich zu beruhigen. Es dauerte eine Zeit, bis wir auf Umwegen den richtigen Weg wieder fanden.

Ich weiß nicht, was ich machen soll, wenn Gregor in Panik gerät. Das passiert öfter. Es ist fruchtbar. Er hört dann nicht mehr auf mich. Er haut einfach ab. Er ist nicht mehr zu lenken und weiß nicht, was er tut. Neulich ist er mir in Salzhausen von der Hauptstraße weggelaufen, weil es zu laut war. Er war nicht mehr zu halten und wollte allein durch den Wald zurückgehen, obwohl es schon dunkel wurde. Was sollte ich tun? Ich habe ein fremdes Auto angehalten und die Leute gebeten, mir zu helfen, Gregor „einzufangen" und uns nach Hause zu fahren. Unsere Ärztin meinte, in so einem Fall sollte ich die Polizei rufen.

UNSERE ERSTE REISE „DANACH"

Schon in der REHA - Klinik in Jesteburg musste ich immer wieder an unsere vergangenen Urlaubsreisen denken. Immer wieder kam es mir in den Sinn, wie schön es für uns auf der Insel La Gomera war. Wir sind dort mehrmals gewesen. Ich sagte zu meiner Frau: „Ich möchte aber unbedingt in der dunklen Jahreszeit wieder nach La Gomera fliegen!" Ich merkte, meine Frau war noch nicht so begeistert, sie hatte wohl Angst, mit mir zu verreisen, weil ich ja jetzt ein „Behinderter" war.
Aber ich hatte es mir so in den Kopf gesetzt.
Es war auch nicht mehr alles so wie früher. Besonders machte mir die Geräuschempfindlichkeit zu schaffen. Früher hab ich gar nicht gemerkt, dass überall so viele Menschen sind. Das ging schon los am Flughafen. Meine Frau musste alles alleine erledigen. Ich konnte ihr überhaupt nicht mehr helfen. Vor der Fähre hatte ich besonders Angst. Aber meine Frau besorgte für mich einen ruhi-

gen Raum. Ich war auch völlig kaputt als wir endlich in unserem Zimmer waren. Ich wollte nur noch schlafen. Ich freute mich am nächsten Tag über die wunderschöne Natur und die ruhige gepflegte Anlage, aber schwierig wurde es bei jeder Mahlzeit. Meine Frau ging immer als Erste in den Essraum, um für mich einen ruhigen Sitzplatz zu ergattern. Aber oft, waren andere Gäste schneller, und wir mussten das nehmen, was einigermaßen geräuscharm blieb. Das ganze große Büfett machte mich auch nervös und ängstlich.
Trotzdem sind wir aber im Regenwald gewandert, ich bin wie früher im Atlantik geschwommen und das Beste war die schöne, warme Sonne im Dezember. Ich dachte, es muss doch alles bald wieder so sein, wie früher.

Mein Mann wollte unbedingt nach La Gomera. Ja, das hatte er sich in den Kopf gesetzt. In mir kam große Angst auf. Es war mir klar, dass von nun ab so eine Reise von mir große Verantwortung fordern würde. Ich hatte alle Formalitäten zu erledigen, alles allein zu packen, an alles zu denken und – was dabei besonders schwer war und noch heute schwer ist: Ich muss bei allem die größte Ruhe bewahren und ihn nicht verunsichern. Wenn ich verrückt werde, läuft gar nichts mehr. Unsere Hausärztin riet mir: „Fahren Sie doch in den Harz! Warum gleich so weit?“ Aber er war nicht von seiner Vorstellung abzubringen. Zu sehr sehnte er sich nach der warmen Sonne. Ich beobachtete auch, dass er sich nicht immer seiner eigenen Behinderungen bewusst war. Er überschätzte sich oft. Ich muss noch heute aufpassen. Das habe ich mir sehr schnell angewöhnt, mögliche Gefahren vorauszusehen, immer für ihn mit zu denken, immer zu sorgen, dass er alles hat, was er braucht. Es war so, wie man es als Mutter mit Kindern macht. Ich musste helfen und beschützen und zugleich seine Selbständigkeit stark fördern.
Ich erinnere mich, wie schwierig es damals war, auf der vollbesetzten Fähre um einen Ruheraum für ihn zu bitten. Ich musste mich durchkämpfen bis zum Kapitän und das alles auf Spanisch. Ich musste mich auch durchsetzten bei Gregor, dass er nämlich beim Wandern zwei Wanderstöcke benutzte. Nur so konnte er auf den unebenen, steinigen Wegen mit seiner Blickfeldeinengung

einigermaßen sicher gehen. Es tat mir in der Seele weh, als ich schon bei den ersten Schritten merkte, dass er nur konzentriert auf die Erde gucken musste. Ich durfte ihn nicht ablenken mit der herrlichen Aussicht. Doch mit den beiden Stöcken hatte er guten Bodenkontakt. Er ging „mit Händen und Füßen". Aber trotzdem waren wir beide glücklich und stolz. Besonders stolz war er, als er – ein ehemals sehr guter Schwimmer – wieder durch die Brandung tauchte und weit in den Atlantik hinaus schwimmen konnte. Ich gebe zu, dass ich wie eine Glucke am Strand saß und immer auf den kleinen Punkt seiner Badekappe starrte. Ich winkte auch, damit er zurückkommen sollte, aber er sah mich überhaupt nicht. In meiner Fantasie fragte ich mich, was zu tun wäre, wenn der kleine Punkt nicht mehr auftauchen würde.....Voll Freude haben wir später eine Karte an unsere Ärztin geschickt, denn sie konnte am besten ermessen, wie wichtig das Gelingen dieses ersten Urlaubs war.

Ja, viele Probleme, die ich mir vorgestellt habe, sind – Gott sei Dank – nie eingetreten.

Und so haben wir auch weiterhin vielerlei verschiedene Reisen gemacht, und jede Herausforderung hat uns beiden weiter geholfen.

LERNEN MIT LEHMANNS

Meine Hausärztin verordnete mir immer wieder neu die Sprachtherapie und Frau Hilger fand immer neue Übungen.

Ich habe jetzt in meinen Unterlagen nachgesehen und u. A. die recht interessanten Aufgaben über „Herrn und Frau Lehmann" gefunden. Über diese beiden jungen Menschen, Monika und Klaus Lehmann musste ich von nun an immer die richtigen Worte finden.

Alle Probleme drehten sich um diese beiden: Mal ging es um das Jazzhobby von Monika und das Fotografieren von Klaus. Dann ging es um ein Altstadtfest in Hofheim und um eine Bürgerinitiative in dem kleinen Städtchen. Immer musste ich alles gut durchlesen und dann ankreuzen, ob die Angaben richtig oder falsch waren. Es war nicht immer leicht für mich zu lesen und alles zu verstehen.

Immer war bei Lehmanns etwas anderes los. Einmal hatten sie durch Erbschaft in Frankfurt ein großes, altes Wohnhaus bekommen. Nun war zu klären, ob es zu einem Wohnungswechsel kommt. Ich musste in Stichworten schreiben, was für oder gegen einen Wohnungswechsel wäre. Da musste ich schon gut nachdenken. Oft fehlten mir die passenden Wörter oder ich hatte ganz falsche Wörter eingesetzt, wie z. B. Freffen, statt Treffen. Ja, es war sehr mühsam. Aber mit einem guten Bleistift ließ sich manches radieren.

Manches, was ich geschrieben hatte, konnte ich später nicht mehr lesen. Auch heute geht mir das noch ähnlich. Ich muss leider damit leben.

Die Probleme der Lehmanns hörten nicht auf. Herr Lehmann sprach mit seinem Freund Ralf Thalbacher, er ist Diplom-Architekt und Bausachverständiger.

In dem nächsten Blatt von Frau Hilger hieß es: Beschreiben Sie das Haus, in dem Sie selber wohnen. Wie alt ist es und wie ist der Zustand? Ich gab mir große Mühe und versuchte wahrheitsgetreu unser Haus zu beschreiben. Aber Frau Hilgers Wissen nahm kein Ende. Ich konnte mir vorstellen, dass nun der Freund Thalbacher mit seinem Architektenwissen die richtigen Vorschläge machen wird. So war es auch!

Ich musste nun die gewünschten zwei Wohnungen ausmessen. Da gab es Schlafzimmer und Wohnzimmer auszumessen, und alle übrigen Räume zu bedenken und nach vernünftigen Raumgrößen zu bemessen. Für mich waren diese Fragen interessant. Letztlich hatte ich unser Endreihenhaus vor Jahren um die doppelte Größe bauen lassen. Manche In- und Umbauten hatte ich damals geleistet. Nun wurde mein kranker Kopf rege. Der Dachboden eines Mietshauses sollte zu einer großen und einer kleinen Wohnung umgebaut werden. Hierbei gab es wieder viele Fragen und Probleme. Mein Kopf sollte all das aufnehmen.

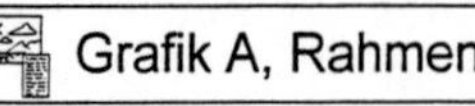 Grafik A, Rahmentext 1  1.19 A

Streichen Sie, was nicht passt, und vervollständigen Sie die Sätze aus Ihrer persönlichen Sicht:

Den Beruf von Herrn Lehmann finde ich **attraktiv / ~~nicht attraktiv~~**, weil ich mich auch für Häuser interessiere

Warum die Lehmanns täglich 20 km zur Arbeit fahren, **verstehe ich / ~~verstehe ich nicht~~,** denn sie wohnen lieber in der Kleinstadt.

Frau Lehmanns Liebe zur Jazz-Musik **~~teile ich~~ / teile ich nicht,** weil ich lieber klassische Musik höre.

Dass Herr Lehmann ausgerechnet Stadtlandschaften fotografiert, **liegt nahe / ~~ist mir unverständlich~~,** da er sich beruflich als auch privat für Häuser interessiert.

So viele Kontakte zu pflegen wie die Lehmanns, ist mir selbst **~~zu anstrengend~~ / auch wichtig,** denn auch ich möchte einen großen Bekanntenkreis haben.

An Klaus Lehmanns Äußerem **gefällt mir / schätze ich nicht**, dass er nicht auffällig wirkt.

Der Beruf der Bibliothekarin **~~passt~~ / passt nicht so gut** zu Monika Lehmann, weil z.B. Jazzspielerinnen im Allgemeinen ausgelassen sind.

Ich glaube, dass **~~Herr Lehmann~~ / Frau Lehmann** in der Ehe tonangebend ist, denn er ist zu ruhig. Obwohl er wichtige Entscheidungen auch selber trifft.

Rahmentext 3  2.23 B

Monika und Klaus Lehmann selbst sind zur Zeit noch unterschiedlicher Meinung, ob sie in Hofheim bleiben oder nach Frankfurt umziehen sollen.

Klaus setzt seinen Eltern in einem Brief auseinander, welche Möglichkeiten er und Monika bezüglich der Erbschaft besprochen haben:

Hofheim, den 6.8.98

Lieber Vater, liebe Mutter,

Sicherlich wartet Ihr schon auf den angekündigten Brief. Aber wir beide sind uns noch nicht einig, wie und wo wir unser späteres Heim suchen werden. So eine Erbschaft bringt einem Gewinn, Veränderung und bis zum nächsten oder sogar bis zum übernächsten Jahr eine Menge Arbeit mit sich.
Monika zieht es lieber in die Großstadt.
Ich habe mich nun schon seit vielen Jahren so an die Kleinstadt gewöhnt, daß ich dieses Umfeld von Hofheim nicht mehr missen möchte. In einem langen Gespräch versuchte mir mein Freund Rolf die Vorteile im nun meinem Haus Rotlintstr. 17 zu erklären. Er sieht aber nur das Wohnen in der Großstadt als sehenswert an.

© 1999 NAT-Verlag

Klaus und Monika Lehmann haben den Dachboden ihres Mietshauses zu einer großen und einer kleinen Wohnung ausgebaut und beschäftigen sich nun mit der Ausstattung der einzelnen Räume. In die große Wohnung werden sie selbst einziehen, die kleine wollen sie vermieten.

Sehen Sie sich den Grundrissplan an, der alle wichtigen Maße enthält, und rechnen Sie bitte die folgende Textaufgabe:

Bei der Planung der Fenster sowie der Glasschiebetüren, die auf die Terrasse führen, haben sich Klaus und Monika viele Gedanken gemacht und sich vor ihrer Entscheidung zusätzlich von einem Fachmann über Möglichkeiten der Energieeinsparung und Lärmdämmung beraten lassen. Dieser hat ihnen heute seinen Kostenvoranschlag zugesandt, wonach die Einglasung eines kleinen Fensters mit dem gewünschten wärme- und schallisolierenden Glas 847,30 kosten soll. Die entsprechenden Preise für die großen Fenster liegen bei 1123,60 DM, die der Terrassentüren bei 1572, 25 DM bzw. 1657, 45 DM. Für die Arbeitszeit werden vier Stunden á DM 77,00 veranschlagt, zuzüglich einer Fahrtkostenpauschale von DM 40,--. Wie hoch sind die Gesamtkosten für die Fenster des Dachgeschosses?

Fünf kleine Fenster a. DM 847,30 = 4.236,50
zwei große -"- a DM 1.123,60 = 2.247,20
vier Arbeitsstunden a. DM 77,- = 308,-
Fahrtkosten DM 40,-

6.831,70

Terrassentüren einschließlich deren Arbeitszeit ist hier nicht berechnet worden.

© 1999 NAT-Verlag

Woche für Woche schrieb ich das Denken, die Wünsche, das Ändern und Überlegen der Familie Lehmann. Sicher, bei Frau Hilger hab ich viel zu lernen gehabt. Ich erinnerte mich auch an das, was ich früher selber gemacht habe, aber trotzdem ist es jetzt mit meiner Aphasie alles anders. Die fachmännisch gezeichnete Wohnung eines Architekten konnte ich noch verstehen, aber das Lesen der Fragen und den Sinn zu verstehen, das war immer noch mein Problem. Ich las mühsam Wort für Wort, und wenn der Satz zu Ende war, hatte ich den Anfang vergessen und den Sinn immer noch nicht verstanden. Dann musste ich stotternd von vorne beginnen. Es ergaben sich immer neue Fragen und Antworten, z. B. der Umbau von Fenstern und Toiletten und die Berechnung der Kosten. Immer wieder ging es um Maße: Höhe und Breite. Der Teppichboden musste berechnet werden. Was kosten die elektrischen Anlagen? Das waren Probleme! Ich kann das hier gar nicht alles beschreiben.

Doch ich will erzählen, dass ich zuletzt beinahe noch ein Problem mit Frau Hilger selbst bekommen habe.

Der Grundriss der oberen Wohnung war für mich interessant. Ich habe heute wieder mühsam alles nachgelesen. Es sollte doch auch der passende Platz sein. „Was ist denn das?“ sagte ich zu Frau Hilger, „Die Treppe befindet sich doch am falschen Platz. Wie das hier gezeichnet ist, würde die Treppe durch die untere Wohnung des Nachbarn gebaut.“ „Das ist doch nicht so wichtig“, meinte Frau Hilger, „Sie sollen doch hauptsächlich nur die Maße der Wohnung aufschreiben.“ Nein, damit war ich nicht einverstanden. Einem Aphasiker, der den Sinn des Lebens und der einzelnen Wörter wieder verstehen soll, darf ein Verlag nicht solch fehlerhaftes Material zum Lernen schicken. So ein plumper Fehler! Ich gab keine Ruhe. Schließlich schrieb meine Frau an die Herausgeber und wir bekamen umgehend ein Entschuldigungsschreiben. Ich habe die Übungsblätter einmal durchgezählt, es sind 86 Blätter. Ja, die vielen Tage und Wochen mit denen Frau Hilger mich üben und lernen ließ, waren im Allgemeinen immer interessant aufgebaut. Für mich und vermutlich manch anderem Aphasiker ist die Familie Lehmann ziemlich deutlich im Gedächtnis geblieben.

Schon im Herbst 1999 versuchte ich, von unserem Dorf aus nach Hamburg zu fahren. Dort befindet sich meine frühere Dienststelle. Hier hatte ich vor meiner Erkrankung mit einer kleinen Gruppe von Pensionären alle zwei Wochen Doppelkopf gespielt. Ob ich das noch kann? Ich wollte es wieder versuchen. Man muss bedenken, dass ich vor meiner Erkrankung selbstverständlich nur mit dem PKW gefahren bin. Mit den öffentlichen Verkehrsmitteln kannte ich mich überhaupt nicht aus.

Es ging also wieder ans Einüben. Zuerst musste ich immer an meine Umhängetasche mit den notwendigen Dingen denken. Ohne meine Umhängetasche gehe ich nirgendwo mehr hin.

Gemeinsam übten wir nun mehrere Male die Fahrt nach Hamburg-Alsterdorf ein. Ich musste gut aufpassen und mich konzentrieren.

Erst mit dem Fahrrad bis zur Bushaltestelle. Dort das Rad sicher abstellen. Auf den Bus warten. Mit dem Bus bis Bahnhof Winsen. Dort mit dem Regionalzug bis Hamburg-Hauptbahnhof. Hier weiter mit der richtigen U-Bahn bis Alsterdorf. Dann den kleinen Fußweg bis zur alten Dienststelle. Etwa zwei Stunden ist man so unterwegs.

Ja, das war für einen Aphasiker, der am Anfang all sein Wissen, sein Lesen und z. Teil auch seine Sprache verloren hatte, unvorstellbar. Ohne die ständige Hilfe meiner Frau, hätte ich das nicht geschafft. Die ersten Male hat sie sich vor der Polizeikaserne von mir verabschiedet. Mit ihrer Freundin hat sie sich dann im nahen Stadtpark getroffen und meistens drei Stunden dort auf mich gewartet. Mit dem Handy konnte sie im Notfall von meinen alten Freunden angerufen werden. Den Rückweg musste ich auch erst üben.

Schon bald konnte ich ganz allein den Weg antreten.

Ich hatte große Freude, wieder mit den alten Kollegen zusammen zu sein. Allerdings waren sie mir oft zu laut und manchmal war ich auch traurig, weil ich ihre schnellen Gespräche nicht verstehen konnte. Sie meinten es bestimmt gut, trotzdem ärgerte ich mich über die lauten Stimmen. Es war mit mir doch nicht alles wie früher. Ich habe auch oft im Spiel verloren, obwohl ich früher so gut war. Aber ich habe diese guten Begegnungen mit den alten Freunden nicht aufgegeben. Ich spiele noch heute, so gut ich kann. Manchmal schimpfe ich, wenn sie so laut werden, dann geht es wieder eine Weile gut. Und ich freue mich immer auf diesen Tag und die Fahrt nach Hamburg.

Jeden zweiten Mittwoch kann ich etwas für mich tun, dann fährt Gregor zum „Doko", zum Kartenspiel mit alten Berufskollegen. Dann fahr ich zum Yoga-Kursus und gehe anschließend noch zum Schwimmen. Mittagessen brauche ich an diesem Tag auch nicht zu kochen. Am Abend gehe ich noch zum Singen im Kirchenchor. Ja, der Mittwoch ist mein „Wellness-Tag.

4. INTENSIV-THERAPIE VECHTA 03.2000

APHASIE-ZENTRUM JOSEF-BERGMANN

Nach meinen Informationen müssen wir damit rechnen, dass Gregors hirnorganischen Schädigungen sich nicht mehr spontan zurückbilden können. Wir sollten darum alle in der Familie gezielte Umgangsstrategien mit der Sprachstörung erlernen, um uns allen das künftige Zusammenleben zu erleichtern. Wir müssen sonst mit schweren psychischen Krisen rechnen.
Für unsere Situation bietet das Aphasie-Zentrum Josef Bergmann in Vechta-Langförden unter anderem: „Gezielte Sprachtherapie zur unmittelbaren Vorbereitung auf die Kommunikationsanforderungen, Psycho-Soziale Therapie für Sprachbehinderte und ihre Angehörigen zum Abbau von Konfliktsituationen und zur Unterstützung beim Aufbau neuer Rollenverteilung... “
Der Fabrikant Josef Bergmann aus Langförden erlitt seiner Zeit selber einen Schlaganfall mit schwerer Aphasie. Damals gab es noch nicht so viel Hilfe durch Sprachtherapie, wie man es heute kennt. Die Gattin, Frau Maria Bergmann, hatte diese Notwendigkeit erkannt, und stiftete nach dem Tode ihres Mannes die gemeinnützige Einrichtung des Hauses „Josef Bergmann“.
Übrigens: Wir tragen zwar den gleichen Namen, sind aber nicht mit der Familie Josef Bergmann verwandt.

Im Januar/Februar 2000 meinte Frau Hilger, es wäre für mich sinnvoll, einige Zeit keine Sprachtherapie zu machen und nur zu entspannen. Danach würde sie mir einen Intensiv-Kursus empfehlen. Sie nannte uns das „ Aphasie-Zentrum Josef Bergmann“ in Vechta-Langförden. Zu lange wollte ich nicht warten. In dem vergangenen Jahr hatte ich zwar einiges gelernt, aber vieles, was ich früher wusste, war mir immer noch verloren. Renate rief dort an, und es wurde uns zunächst ein so genannter „Schnuppertag“ angeboten. Kurz entschlossen meldeten wir uns an. In diesen drei Tagen vom 10. – 12. März 2000 lernten wir das Haus, die Umgebung und all das kennen, was mit dem späteren Ablauf zu klären

war. Man sagte uns, dass es im Haus kein Pflegepersonal gibt. Meine Frau musste als Begleitperson mitkommen, weil ich sonst nicht allein fertig werde. Die Angehörigen sollten bei der Therapie mit einbezogen werden und vieles dabei lernen, was für die Rehabilitation wichtig ist. Die Einrichtung und die Leitung machten einen guten Eindruck auf uns. Zuhause mussten wir für alle Therapie von unserer Hausärztin Rezepte besorgen. Ich sollte Sprachtherapie (einzeln und in Gruppe), Krankengymnastik und Ergotherapie bekommen. Frau Dr. Früh gab uns gerne die erforderlichen Verordnungen. Damit mussten wir zu meinen Krankenkassen (Freie Heilfürsorge und Debeka) gehen und bitten, dass sie die Kosten übernehmen. Die Therapie wurde übernommen. Doch für unsere Unterbringung und die Verpflegung sollten wir alleine aufkommen. Wir waren über diesen Bescheid erschüttert. Ich versuchte mit der Dame im Büro zu argumentieren. Es half nichts. Mir fehlten ohnehin die Worte. Weinend ging ich mit meiner Frau aus dem Haus. In dieser Zeit war ich noch nicht so gesund, so etwas zu ertragen.
Vom 20. 03. bis 14. 04. 2000 machte ich also meinen Intensiv-Sprach-Kursus. Ich hatte große Hoffnungen und wollte viel lernen. Außerdem wollten wir uns auch ein bisschen erholen, und darum nahmen wir unsere Fahrräder mit.
Wir freuten uns, als wir ein schönes, großes, helles Zimmer zugewiesen bekamen. Ich war ganz neugierig, und während Renate unsere Sachen ausräumte, ging ich schon nach draußen und fand den großen wunderschönen Park. Er gehört der Familie Bergmann, aber die Patienten dürfen ihn benutzen. Voll Freude betrachtete ich die uralten Bäume, den stillen See mit der kleinen Insel, die gepflegten Blumenrabatten. Es war ja noch recht kalt, doch leuchteten schon unter den Büschen die Frühlingsboten. Ja, hier werde ich jeden Morgen meinen Morgenlauf machen. Hier werde ich mir immer wieder neue Kraft holen. Wie dankbar war ich der Familie Bergmann für dieses Entgegenkommen.
Während des Mittagessens hatte ich wieder mein Problem mit der Geräuschempfindlichkeit. Im Speiseraum waren 24 Personen. Natürlich unterhielten sich diese Gäste. Dazu schob das Personal mit den Speisewagen umher. So viele unterschiedliche Töne! Mein Kopf schmerzte, und ich konnte diese vielen Geräusche

nicht ertragen. Ich ließ das Essen stehen und lief aus dem Speiseraum. Renate sprach mit dem Personal. „Ach, da finden wir einen Weg“, sagte die Leiterin. In einem anderen Raum gleich gegenüber durfte ich fortan separat in Ruhe speisen. Gott sei Dank! Dieses Problem war gelöst. Nun schmeckte mir das gute Essen.

VERSCHIEDENE PATIENTEN

In unserem Kursus waren wir 15 Patienten. Einige waren nicht so schwer krank, sie waren allein gekommen. Ich konnte ihnen ihre Behinderung nicht ansehen. Es war wie bei mir. Erst beim Sprechen zeigten sich die Störungen. Ein stattlicher Mann fiel mir in der Begrüßungsrunde besonders auf. Er stellte sich vor, begann zu reden und hörte nicht mehr auf. Er ging dabei durch den Raum und bewegte seine Arme heftig. Seine Sätze gerieten ganz durcheinander. Ich merkte, er sprach sehr lebhaft andere Wörter, als er eigentlich sagen wollte. Aber irgendwie haben wir ihn doch verstanden. Es war auch etwas traurig. Als ich dran war, wollte ich, dass meine Frau für mich sprechen sollte, aber die Schwester, die den Kreis leitete, wartete so lange, bis ich meinen Namen und etwas mehr gesprochen hatte. Ein Mann konnte gar nicht reden, nur einige Silben kamen immer wieder aus seinem Mund. Er guckte freundlich in die ganze Runde und sagte: „Da di da da!“ Damit meinte er seinen Namen. Wenn wir uns später auf dem Flur trafen, winkte er mit seiner linken Hand und rief freundlich: „Da di da da!“ Damit meinte er „Hallo! Guten Tag!“ Manchmal fragte er auch seine Frau etwas, die immer den Rollstuhl schob. Das hörte sich wie eine Frage an: „Da di da da?“ Seine Frau verstand ihn gut. Sie waren beide noch sehr jung und sahen gut aus. Der Mann war vorher Bauleiter.

Die meisten waren mit einer Begleitperson da. Ich lernte so nach und nach alle Patienten kennen. Zuerst war ich erschrocken, weil es viele Rollstuhlfahrer gab. Ja, diese Männer und Frauen waren rechtsseitig gelähmt. Manche waren sehr geschickt im Kutschieren. Ich habe auch gesehen, wie sie Fahrrad gefahren sind. Das waren Spezialräder, in denen sie halb liegend mit einer Hand steuern konnten. Doch Herr Dornieden, der Leiter des Hauses, sagte uns, dass es bei uns 1,2 Mill. Aphasiker gibt, weit mehr als

Rollstuhlfahrer. Ein Mann hat mich sehr beeindruckt. Ich traf ihn oft frühmorgens im Park. Rechts hatte er keine Feinmotorik mehr. Aber er kann inzwischen wieder lesen. Er erzählte mir, dass er in leitender Stellung bei einer Sparkasse beschäftigt war. Da hat ihn mitten bei der vielen Arbeit der Schlag getroffen. Aber er sagte mir, dass er jetzt alles anders sieht. Die Arbeit ist ihm nicht mehr das Wichtigste. Er hat gelernt sich umzustellen. Er will von jetzt ab ganz ruhig mit seiner Frau leben. Er trauert der Sparkasse nicht hinterher. Ein anderer etwa 20 jähriger Mann war schwer behindert im Spezial-Rollstuhl und wurde von seiner Mutter betreut. Sie erzählte uns, dass er als Elektriker mit seinem Arbeitskollegen ohne eigene Schuld an die Starkstromleitung gekommen war. Sein Mitarbeiter ist sofort tot gewesen. Er selbst konnte sich kaum bewegen, nicht sprechen, nicht allein essen, aber fast alles verstehen. Er hatte vor sich auf den Knien eine Wörter-Bildertafel, die er auswechseln konnte. Durch tippen auf die Bilder konnte er sich verständigen. Eine gute Erfindung, aber was für ein Leid steckt dahinter? Einmal war er mit uns zusammen im nahen Schwimmbad. Einmal in der Woche war dieses Becken für uns reserviert. Ich hatte mit einem anderen, gut trainierten Patienten schnell mehrere Bahnen gezogen. Dann sahen wir, wie ein Therapeut und die Mutter den jungen Mann mühsam ausgezogen hatten und in das Becken gleiten ließen. Als wir diese arme Frau mit dem bewegungslosen Mann sahen, haben wir geholfen, und mit ihm Bewegungsübungen gemacht. Ich frage mich noch heute: Wie kann so eine Frau das alles schaffen?
Früher hatte ich kaum etwas von den Problemen der Schlaganfall-Patienten wahrgenommen. Es hat bestimmt auch in unserer Umgebung immer solche Fälle gegeben. Aber meistens sind sie gleich ins Altersheim gekommen. Man hat ihnen keine Sprachtherapie angeboten. Das musste furchtbar für diese Menschen gewesen sein, wenn sie nicht mehr verstanden wurden. Seit ich selber betroffen bin, erfahre ich viel. Es ist seltsam: Mein Blickfeld vom Auge her ist zwar eingeschränkt und enger worden, aber meine Frau meint: „Eigentlich kannst Du jetzt viel mehr sehen."

Für mich war das Wichtigste, die Sprache, die Wörter und das Lesen zu verbessern. Ich war gespannt, als uns der Leiter des Hauses, Herr Dornieden, die einzelnen Logopädinnen und Therapeuten vorstellte. So schaute ich auf die Person, die in den nächsten vier Wochen mit mir arbeiten würde. Ich hörte den Namen: „Frau B." Gut, sagte ich mir, eine freundliche, interessante Frau. Später erhielten wir einen genauen Plan. Jeden Tag sollte ich Therapie bekommen. Dann kam Frau B. auf Renate und mich zu und zeigte uns ihr Arbeitszimmer. Am nächsten Tag war ich pünktlich dort. Ich sollte einige Sätze lesen. Das war einfach geschrieben, das konnte ich problemlos lesen. Dann zeigte mir Frau B. einen Text. „Versuchen sie das zu lesen, obwohl einige Wörter fehlen. Schreiben sie die fehlenden Wörter dazu. „O je", sagte ich, „nun haben Sie mich an der schwachen Stelle erwischt." Ich wurde nervös. „Ach, das ist doch nicht schlimm. Wir machen das alles in Ruhe Sie wollen etwas dazu lernen und ich will ihnen dabei helfen." Sie lachte.

Diese Frau wollte mir helfen, und ich hatte die feste Absicht, all das zu tun, was mir ein Stück weiter half. Ich nahm den Bleistift und fing an zu lesen. Das Lesen war bei mir wie üblich sehr holperig. Bei den fehlenden Wörtern hatte ich nicht so große Probleme, es ging nach und nach zufrieden stellend. Frau B. sagte: „Das haben sie gut hingekriegt. Das war ein guter Anfang." Als Ausgleich hatte mir Frau B. einige leichte Aufgaben gestellt. Ich las das Wort „LPG". Ich sagte schmunzelt zu ihr:

„Wird jetzt verspätet in Langförden die LPG eingeführt?" Sie stutzte, dann lachte sie und sagte: „Nein, unsere Bauern arbeiten wie eh und je. Sie sollen die fehlenden Buchstaben einsetzen, entweder L oder P oder G. z.B.: –and, -ilz, -unge, -erle, -aken, -olster,--abel, -eute Da brauchte ich nicht lange zu überlegen. Bei den gefragten Ländernamen brauchte ich sehr lange, obwohl Geographie früher mein Lieblingsfach war. Frau B. machte mir wieder Mut. Sie sagte, dass der heutige Durchschnittsmensch nicht einmal die Hälfte der angegebenen Ländernamen gewusst hätte. Na, das tröstete mich.

Während Gregor früher fast nach jedem einzelnen Wort ringen musste, sind ihm inzwischen wieder viele Wörter schneller zur Verfügung. Manchmal gebraucht er auch ganz neue Wörter, die er selbst erfindet, die jedoch für mich ganz gut zu verstehen sind: „Zeitaufschreiber" = Kalender, „Gucker" = Brille, „Mundputzer" = Zahnbürste. Oft hilft er sich mit vielerlei Umschreibungen. „Die kleinen Leute..." – die Japaner, „Da, wo der Papst wohnt" - Rom. Wenn es gar nicht geht, lenke ich ihn ab, damit er sich nicht zu doll anstrengt; denn er braucht immer viel Konzentration, um die Wörter aus seinem Kopf hervorzuholen. Man muss geduldig warten und ihm nicht zuvorkommen mit dem passenden Wort. Oft erkenne ich an seinen Gesten, was er meint. Er muss die Chance haben, das Wort selber zu finden. Das Gehirn muss wieder eine neue Bahn zu dem altbekannten Wort finden. Nur so kann er langsam seinen alten Wortschatz wieder verfügbar machen.
Aber die Sprache ist noch holperig. Ich beobachte, wie verkrampft seine Atmung ist, wie das Zwerchfell dabei zittert und die Lippen sich übermäßig anstrengen. Mit der neuen Logopädin versteht sich Gregor sehr gut, das merkte ich. Das ist sehr wichtig. Es gelingt ihr, ihm Freude und immer wieder Erfolgsmomente zu vermitteln. An den Übungsbögen sehe ich, wie klein und mühsam die Lernschritte sind. Es ist gut, dass sie die Texte und Gespräche auf Gregors Vorlieben, seinen Beruf und sein bekanntes Umfeld abstimmt.

FAHRRADFAHREN ZU GEFÄHRLICH?

Am Wochenende gab es keine Krankenbehandlungen. Wir nutzten dieses freie Zeit, um die nähere Umgebung zu erkunden. Renate hatte eine Radwanderkarte gekauft, damit wir möglichst kleine Nebenstraßen nehmen konnten. Wir fuhren vorsichtig. Wenn ich als Erster fuhr, rief mich Renate immer wieder an: „Fahr nicht so weit links!" Ich merkte es selber: Seit meiner Krankheit kann ich mit dem rechten Auge nur noch halb so viel nach rechts außen und unten sehen. Das Gesichtsfeld ist verkleinert. Daher neige ich unwillkürlich dazu, zu weit in der Straßenmitte zu fahren. Oft fahren die Autos dann plötzlich von hinten im rasanten Tempo dicht an mir vorbei. Meine Beweglichkeit auf dem Fahrrad war noch unsicher. Es braucht seine Zeit, um besser zu werden. Bald kannte ich die Umgebung gut und fuhr gelegentlich alleine los. Da wäre mir einmal fast ein schwerer Unfall passiert. Ich musste eine Hauptstraße überqueren. Ich weiß es nicht, aber ich muss wohl unachtsam gewesen sein. Plötzlich hörte ich ein lautes Quietschen und Dröhnen von einem LKW. Geistesgegenwärtig drückte ich Hand- und Fußbremsen und kam gerade vor dem drohenden Laster zum Stehen. Der Fahrer schimpfte und drohte mir. Ich wollte mich entschuldigen. Leider fehlten mir, wie auch in ähnlichen Problemfällen, die Worte. Meine Sprache war vollkommen weg. Es war mir undenkbar, wie so etwas passieren konnte. Der LKW kam auf der gut einsehbaren Hauptstraße von rechts. Ich hätte ihn sehen müssen, auch wenn ich mit dem rechten Auge nicht so viel sehen kann. Und ich hätte ihn doch hören müssen. Immer wieder dachte ich über diesen Beinah-Unfall nach. Meiner Frau habe ich erst viel später davon erzählt. Während der kommenden Tage bin ich zu fuß spaziert. Es gab viel anzusehen. Ich schaute mir in der nahen Wohnsiedlung die gepflegten kleinen Häuser an. Hier brauchte ich keine Angst zu haben, einen Unfall zu verursachen. Ich weiß, mein Reaktionsvermögen war und ist leider auch heute noch mangelhaft. Das Autofahren habe ich mir seit meiner Krankheit untersagt. Ich muss damit leben.

LESEN UND FLÜSSIG SPRECHEN

In der nächsten Zeit hatte Frau B. mit mir vorwiegend wieder das Lesen geübt. Sie wollte dem Anfänger Mut machen, damit ich nicht resigniere. Bei dem Text ging es um die Bären in Alaska. Wenn möglich, sollte ich etwas schneller lesen. Ich musste mich sehr anstrengen, aus den einzelnen Buchstaben die Worte zu bilden. Manche Wörter konnte ich schneller erraten, aber meistens war ich sehr langsam. Trotz großer Mühe kamen mir nur mühsam die Wörter aus dem Mund.

Bären in Alaska

1. Ein kleines Wasserflugzeug landet. Ein Abenteurer, der Bären sucht, steigt aus. Er gibt dem Piloten Bescheid, daß er ihn nach drei Wochen wieder abholen soll. Solche Treffpunkte sollte man einhalten, sonst startet eine aufwendige Suchaktion. Manchmal verlaufen sich Abenteurer oder werden durch Bären verletzt und müssen tagelang gesucht werden. Der einheimische Pilot rät dem Abenteurer noch, auf keinen Fall wegzulaufen, wenn ihm ein Bär gegenübersteht. Dann ist der Mann allein.

2. Nach Tagen kreuzt der erste Braunbär auf. Er kratzt sich den Rücken an einem Baum. Der gewichtige Bär (bis zu 800 kg) wirkt schwerfällig und plump. Er kann jedoch gut klettern und schwimmen und sehr schnell laufen - besonders bergauf. Die langen Hinterbeine machen es möglich. Bergab dagegen geht es langsam. Er könnte sich leicht überschlagen.

3. Je nördlicher der Weg führt, desto karger wird die Landschaft. Bald sieht man nur noch Schnee und Eis - und Eisbären. Die weißen Bären haben mit den Braunbären nicht viel gemeinsam. Sie haben einen gestreckten Leib mit einem langen Hals und kurze Beine. Die Füße sind sehr breit, und die Zehen sind halb durch Spannhäute miteinander verbunden. So schwimmen und tauchen sie stundenlang im Eismeer. Die Eisbären leben nämlich häufig auf treibenden Eisschollen.

4. Erwartet eine Bärin dagegen Junge, zieht sie sich auf das Festland in eine schützende Höhle zurück. Die Jungen (1-2) kommen meistens im Dezember zur Welt. Im März machen sie dann ihre ersten Ausflüge. Sie spielen viel und lernen schnell. Und wenn dann die große Müdigkeit kommt, ruhen sie sich behaglich auf dem Rücken ihrer Mutter aus.

- Wie lange will der Abenteurer bleiben? 3 Wochen

- Wie kommt er wieder zurück? Mit dem Piloten trifft er sich an dem vereinbarten Punkt

- Welchen Gefahren setzt er sich aus? Erhebliche Witterungsunterschiede, sowie Verletzungen und sogar Tod durch Bären.

- Woher stammt der Pilot? Aus Kanada - Welchen Rat gibt er? An den vereinbarten Ort zurückzukommen

- Wieviel schwerer ist ein Braunbär als ein Mensch? Er wiegt bis zu zehnmal soviel

- Wieso kann er bergauf schneller laufen als bergab? Wegen seines Körperbaues klettert er an Bäumen um Nahrung zu suchen

- Wo leben Eisbären? Im Polargebiet, Schnee- und Eisgebiet

- Wieso können sie so gut schwimmen? Die Zehen sind mit Spannhäuten halb miteinander verbunden.

- Was ist der Unterschied zwischen Eis- und Braunbären? Die Eisbären haben im gegensatz zum Braunbären einen gestreckten, langen Hals und kurze Beine

- Wann kommen die Jungen zur Welt? meistens im Dezember zur Welt.

- Wann kommen sie mit auf die Jagd? Etwa im März.

- Wo spielt die Geschichte? Im nördlichen Kanada/Alaska

„Das geht schon“, meinte Frau B., „Versuchen Sie diesen Text.“ Ich fing mit den Bären wieder an. Es ging schon wesentlich besser. „Sie können es ja in Ihrem Zimmer noch einmal lesen.“ Ich merkte, mein Kurzzeitgedächtnis klappte noch. Nach mehrmaligem Lesen, konnte ich viele Wörter auswendig erkennen.
Aber am nächsten Tag hatte Frau B. eine ähnliche Aufgabe. Die Arbeit mit den Bären war noch nicht beendigt. Es galt, eine Reihe von Fragen zu beantworten. Wollte sie wissen, ob ich den Text auch wirklich verstanden habe? Eine Reihe von Fragen war möglichst schnell zu beantworten. Mir fiel mein letzter Prüfungstest bei der Hamburger Polizei wieder ein. Da musste man auch schnell nach einem Klingelzeichen die Fragen beantworten. Na, hier bei Frau B. unterlag ich keinem Prüfungstest. Hier ging unsere Arbeit geruhsam von statten. Gott sei Dank!
Mehrere Tage lang ging es um „Das Volk der Bienen“. Für mich war es ein interessantes Gebiet. Wieder musste ich erst langsam lesen. Manches wusste ich nicht. Hatte ich alles verständlich aufgenommen? Als Frau B. am nächsten Tag mir ein neues Blatt übergab, konnte ich manche Fragen nicht richtig beantworten. Trotzdem machte mir das Thema Freude. Frau B. konnte sehr geschickt fragen. Sie hatte meine Leseschwäche erkannt und wollte besonders daran mit mir üben.
Sie gab mir einen kurzen Vers von Wilhelm Busch zu lesen: „Es sitzt ein Vogel auf dem Leim. Er flattert sehr und kann nicht heim.“ Es ging wieder bei mir nur langsam, obwohl mir der Text bekannt war, kamen mir die Worte nur stotternd aus dem Mund. Als ich den Vers ganz gelesen hatte, erinnerte ich mich an die vielen Gedichte und Balladen aus meiner Schulzeit. „So“, sagte Frau B, „ dann haben sie ja einen reichen Schatz im Kopf. Dann fangen Sie mal an!“ Trotz meiner Aphasie fielen mir nach und nach wieder Gedicht-Verse ein. Gleich waren es Fetzen aus „Der Zauberlehrling“ und dem „Erlkönig“. Frau B. fielen auch weitere Verse dieser bekannten Balladen ein. Ich kam auf „Die Bürgschaft“ und Frau B. ergänzte. Wir lachten, und wie zwei Schulkinder versuchten wir uns gegenseitig zu erinnern. „Des Sängers Fluch“ holten wir auch noch aus meinem Kopf hervor. Dann wusste ich nichts mehr. Doch zufrieden sagte ich, dass ich kein

„Aphasie-Kümmerling“ war. Frau B. meinte, dass ich der Sieger in diesem Spielchen gewesen wäre.
An einem der nächsten Tage brachte Frau B. wieder ein Gedicht mit. Langsam las ich: „Das Feuer, von James Krüss“. Das war mir nicht bekannt. Ich musste es lesen. Das war schwer, weil es so viele ähnliche Wörter hat: saust und braust, zuckt und schluckt, knackt und flackt. Doch es gefiel mir, weil es beschreibt, wie das Feuer sich gefährlich ausbreitet, und wie es später wieder kleiner und kleiner wird und einschläft. Dieses Gedicht sollte ich allein immer mal wieder lesen und auch an die Betonung denken. Mir machte dieser Text Spaß, und so übte und übte ich. Meine Frau half mir bei der Betonung. Als ich es vollkommen frei sprechen konnte, war Frau B. zufrieden. An unserem Abschlussabend, als wir alle zusammen saßen, trug ich es vor. Ich glaube, alle haben gestaunt.

Das Feuer, von James Krüss

Hörst Du, wie die Flammen flüstern,
Knicken, knacken, krachen, knistern.
wie das Feuer rauscht und saust,
brodelt, brutzelt, brennt und braust?
Siehst du, wie die Flammen lecken,
züngeln und die Zunge blecken,
wie das Feuer tanzt und zuckt,
trockne Hölzer schlingt und schluckt?
Riechst Du, wie die Flammen rauchen,
brenzlig, brutzlig, brandig schmauchen,
wie das Feuer, rot und schwarz, duftet,
schmeckt nach Pech und Harz?
Fühlst Du, wie die Flammen schwärmen,
Glut aushauchen, wohlig wärmen,
wie das Feuer flackrig wild,
dich in warme Wellen hüllt?
Hörst Du, wie es leiser knackt?
Siehst Du, wie es matter flackt?

Riechst Du, wie der Rauch verzieht?
Fühlst Du, wie die Wärme flieht?
Kleiner wird der Feuersbraus:
Ein letztes Knistern,
ein feines Flüstern,
ein schwaches Züngeln,
ein dünnes Ringeln – aus.

INTERESSANTE VERSCHIEDENE ÜBUNGEN

Wir haben immer noch in einem dicken Ordner alle Übungsblätter von damals aufgehoben. Ich will versuchen, anhand dieser Blätter die intensive Arbeit noch etwas deutlicher zu machen. Während es zu Beginn der Therapie immer wieder darum ging, Bezeichnungen aller Art zu nennen, so wurde jetzt mehr und mehr geübt, die wieder gefundenen Wörter richtig anzuwenden. So sollten etwa Wörter gesucht werden, die analog zusammen passen:Suppe – Löffel, Kartoffel – Gabel, Stadion – Tribüne, Theater- Loge, Auto – Fabrik, Schiff – Werft, usw. aber auch Teile, die zu einem Ganzen gehören, z. B. Henkel – Tasse, Schalter – Lampe, Stengel – Blume, usw.
Zusammengesetzte Wörter waren ziemlich schwierig. Dann lautete die Aufgabe etwa: Ergänzen Sie die Wörter ...zeit, ...sprung, ...essen, ...sicht, ...plan, usw. Oder es ging um besondere Merkmale: Ein Haus, das vier Stockwerke hat, ist vierstöckig. Ein Auto, das zwei Türen hat, ist zweitürig. Ein Stoff, auf dem Blumen sind, ist geblümt. Eine Tapete, die keine Muster hat, ist einfarbig. Viele Tage wurde daran immer wieder geübt.
Zwischendurch finde ich in den Unterlagen auch immer wieder Hilfen zum Lesen. Da wurden z. B. lange Wörter in ihren Silben aufgelöst, damit der Übende sie überblicken kann: Ba na ne, Lo ko mo ti ve, Ba de ho se. Ich glaube, damit ist Gregor gut zurechtgekommen.

Prioritäten: Arbeitsblatt 1

Sie müssen aufgrund der Erkrankung einer Nachbarin dringend einen Notarzt anrufen. Welche von den folgenden Handlungsvorschlägen sind in einer solchen Situation sinnvoll, welche sollten Sie aus Zeitgründen lieber unterlassen?

	sinnvoll	nicht sinnvoll
Sie gehen in Ihre Wohnung und sehen, dass die Waschmaschine noch eingeräumt werden muss. Dies tun Sie (a)		X
Sie schauen im Telefonbuch nach, welche Telefonnummer der Notarzt hat (b)	ja 1.	
Sie sehen im Telefonbuch die Privatnummer Ihres Hausarztes. Den rufen Sie an (c) Nur wenn er unmittelbar zu erreichen ist,	8.	
Sie hören Ihren Mann/Ihre Frau zum Essen rufen. Sie gehen zum Essen (d)		X
Sie versuchen, die Nachbarin auf eigene Faust zu behandeln (e)	nur Erste Hilfe 4.	
Sie sehen, dass Ihr Kind zum Spielplatz geht und gehen mit (f)		X
Sie rufen beim Notarzt an (g)	ja 2.	
Sie erzählen dem Notarzt, dass alles nicht so schlimm sei und er nicht kommen müsse (h)		X
Sie sagen dem Notarzt Ihren Namen, die Situation der Nachbarin, wo die Nachbarin wohnt und dass er bitte kommen soll (i)	ja 3.	
Sie rauchen eine Zigarette und überlassen die Nachbarin ihrem Schicksal (j)		X
Sie gehen mit dem Hund spazieren (k)		X
Sie treffen sich mit Freunden (l)		X
Sie öffnen dem Notarzt (m)	ja 5.	
Sie führen den Notarzt zu der Kranken (n)	ja 6.	
Sie gehen einkaufen (o)		X
Sie gehen zum Arzt (p)	ja 7.	

Im folgenden lesen Sie eine Situation, in die Sie sich bitte hineinversetzen sollten.. Es geht darum, einer Person wichtige Informationen per Telegramm zu übermitteln, Sie haben jedoch nur 15.- Dm , bei sich, so dass Sie nur 15 Wörter für das Telegramm verwenden dürfen.
Konzentrieren Sie sich auf das Wesentliche der Information!

1. Ihr Bruder Hans ist im Urlaub. Seine beste Freundin Susanne ist an Tuberkulose erkrankt. Sie kommt ins Krankenhaus. Susanne hat nach Ihrem Bruder Hans gefragt. Sie hätte gerne, dass er sie im Krankenhaus besucht. Es ist wichtig, dass dies bald geschieht, weil Susanne nach Hans Sehnsucht hat und sich Sorgen um ihre Gesundheit macht. Ein Anruf genügt ihr nicht. Bitte telegrafieren Sie diese Informationen an Hans in max. 15 Wörtern.

Susanne im Krankenhaus TBC schnellstens Rückreise

2. Sie sind im Urlaub und entdecken im Reisegepäck den Schlüssel Ihres Sohnes für dessen Wohnung. Sie können den Schlüssel nicht schicken, da Ihnen das zu riskant ist. Sie möchten Ihren Sohn fragen, ob er den Schlüssel dringend braucht. Er soll Sie unter der Nummer 0043-222-5943823 anrufen.

habe deinen Wohnungsschlüssel mitgenommen kann unter Tel. 0043 222-5943823 erreicht werden

Soziale Situationen: Arbeitsblatt 1

Stellen Sie sich bitte vor, Sie kommen in die unten angegebenen Situationen. Wie reagieren Sie? Was antworten Sie der betreffenden Person? Bitte reagieren Sie möglichst freundlich und zuvorkommend.

1. Sie gehen mit Ihrer Familie spazieren. Ihr Kind quengelt. Es möchte gerne ein Eis. Sie wollen das nicht. Wie können Sie ihrem Kind die Situation verständlich machen?

Komm doch bitte mit mir noch ein Stück bis zur nächsten Biegung, gestern habe ich am Wald schön Blaubeeren gesehen. Wollen wir nicht dort die Beeren pflücken, die schmecken aber gut. Und nach dem Mittagessen gibt es auch noch Pud[ding]

2. Ihre Frau kommt an den Frühstückstisch und äußert, dass sie gestern vergessen habe, Kaffee zu kaufen.

Es ist doch nicht so schlimm, laß uns doch Tee kochen. Am Nachmittag gibt es auch eine Tasse Kaffee.

3. Sie haben sich mit Ihrem Ehepartner gestritten. Ihr Ehepartner kommt und entschuldigt sich.

Ich war auch etwas aufgeregt und habe wohl auch nicht richtig reagiert. Ich meine, wir wollen doch wieder gut miteinander sprechen

4. Ihr Chef blamiert Sie öffentlich wegen eines Fehlkaufs, für den Sie nicht verantwortlich sind.

Ein Moment bitte, darf ich zu der Äusserung von Herrn Maier etwas sagen. Den genannten Fehlkauf habe ich nicht zu verantworten. Ich war damals im Urlaub.

5. Sie haben einem Freund versprochen, gemeinsam essen zu gehen, können den Termin jetzt aber aus beruflichen Gründen nicht einhalten.

Leider kann ich aus dienstlichen Gründen (wieder mal eine Demo) heute nicht kommen. Können wir uns morgen treffen oder am kommenden Wochenende, denn ich freue mich mit Dir endlich wieder mal gemütlich essen zu gehen. Ruf mich bitte an.

Manche Übung sah erst einfach aus und war doch schwer, z. B. wenn einzelne Buchstaben ersetzt werden sollten: El-f-nt, K-l-nder, Lim-n-d-, R-g-l, oder wenn Gregor aus vorgegebenen Buchstaben Wörter bilden sollte: A L N T E M, R B W I L E, N E L S I P. Ja, das fällt auch einem Gesunden nicht so leicht. Manchmal fehlte in den Texten die Groß- und Kleinschreibung und außerdem sämtliche Satzzeichen. Konnte er da noch den Sinn erkennen?

Später nahm das Lesen von mehr oder weniger langen Texten einen großen Raum ein. Lange Texte machten Gregor immer Angst. Am Ende angekommen, hatte er den Anfang schon wieder vergessen. Zuerst ging es um den Arnheimer Zoo. Nach dem er alles gelesen hatte, galt es, die handgeschriebenen Fragen zu beantworten: 1. Woraus wurde die Halle gebaut, und was ist hierbei der wichtigste Aspekt? 2. Warum sind sich die Zoobetreiber sicher, dass sich die Tiere in der Halle wohl fühlen? 3. Zählen Sie Tiere auf, die im Regenwald leben! usw. Eine große Erleichterung war es, wenn der Text in Gregor Assoziationen und Erinnerungen weckten. So weiß ich noch, wie er an einem Artikel über die Boddenlandschaft Fischland, Darß und Zingst arbeitete und allerlei Fragen beantwortete. Dort hatten wir früher mal eine Radtour gemacht. Zuletzt gab Frau B. allerlei Aufgaben, in denen es um das Erkennen von Wesentlichem ging, was sehr schwer war, oder um das genaue Beschreiben von Arbeitsabläufen oder gewissen sozialen Situationen.

Ich bin nur ein Laie und kann natürlich nicht umfassend die einzelnen Übungsschritte schildern. Ich kann nur immer wieder staunen, wie vielseitig und wie mühsam so eine Sprachtherapie ist.

DEN ALLTAG ÜBEN UND ENTSPANNEN

Im Rahmen der Ergotherapie wurde uns auch geholfen, die Scheu vor den Alltagsproblemen etwas zu verlieren. Ich glaube, in uns allen steckte noch viel Angst, unter Leute zu gehen und etwas zu erledigen. Ich wusste, ich muss selber etwas dazutun, um noch selbstsicherer zu werden. So kann ich mich noch gut erinnern, dass die Therapeutin zu mir sagte: „Heute wollen wir mal das Einkaufen probieren.“ Sie selbst wäre in diesem Fall die Verkäu-

ferin. Sie gab mir einen Zettel, auf dem die Teile standen, die ich einkaufen sollte. Zuerst sollte ich ihr alles vorlesen. So musste ich z. B. Pfefferminztee und nach Möglichkeit einen etwas schärferen Käse kaufen. Die „Verkäuferin“ schaute mich an und sagte: „Was wünschen Sie?“ Da war ich schon so erschrocken, dass mir nicht so schnell mein Einkaufszettel wieder einfiel. Dann stotterte ich den ganzen Zettel herunter. „Genügt Ihnen das Päckchen Pfefferminztee?“ „Ja, ja“, sagte ich schnell. Aber bei der Käsesorte wurde ich nach der Menge gefragt. „Soll es ¼ sein?“ Darüber wusste ich nichts. Das war wieder so eine Schwäche von mir. Ich konnte mir nämlich seit der Erkrankung verschiedene Mengen nicht vorstellen. „Ach, das üben wir noch“, sagte die freundliche „Verkäuferin“. Da hätte ich bald vergessen, noch Gurken und Margarine zu nehmen. Mit anderen Patienten ist die Ergotherapeutin richtig in ein kleines Geschäft gegangen zum Einkaufen. Während der nächsten Tage haben wir in einer kleineren Gruppe ähnlich das Einkaufen geübt. Es war für die meisten nicht so leicht. Trotzdem gab es auch hier gelegentlich etwas zu lachen.
In Vechta mussten wir auch Geld-Überweisungen ausfüllen und Fahrpläne lesen. Das waren sehr schwere Übungen für mich, weil man dabei keine Fehler machen darf. Ebenso wichtig war das Telefonieren. Es ist nämlich viel schwerer mit jemanden zu sprechen, wenn man sein Gesicht nicht sehen kann. Auch der andere Teilnehmer kann mir bei der Wortfindung wenig helfen, wenn er nicht sehen kann, welche Handbewegungen ich dabei mache. Und meistens lässt mir der Andere nicht genug Zeit, bis ich ausgesprochen habe. Das ist heute noch so.
Wir haben auch das Kochen und Backen gelernt. Zwar war unsere Krankengruppe ausschließlich von Männern besetzt, und es waren auch keine speziellen Köche darunter. Wir haben getan, was wir konnten. Ich selber war ja nie ein guter Küchenmeister. Ich habe nämlich durch den Beruf viel in der Kantine essen können. So hatte ich jetzt nicht den Ehrgeiz, ein guter Koch zu werden. Mich machte das Vielerlei ziemlich nervös, und das ganze Kochen kommt mir heute noch wie Zauberei vor. Doch wie ich mich erinnere, hat uns später unser kleines Mahl ganz gut geschmeckt.
In der letzten Therapiewoche hieß es plötzlich, dass wir gemeinsam ein Cafe besuchen werden. Unsere Angehörigen sollten mit

dabei sein. Zuerst wurde hin und her überlegt, wo wir hingehen wollen. Natürlich mussten wir sicher sein, dass es dort keine Treppen gibt und unsere Rollstuhlfahrer guten Platz fänden. Es war so gedacht, dass jeder selber sich den Kuchen und Kaffee am Buffet aussucht und bestellt. Später sollten wir auch selber die Rechnung bezahlen. Natürlich sollte es ein ganz gemütliches Klönen und Genießen sein, aber leider hatte ich mein altes Problem mit der Geräusch-Empfindlichkeit. Gerade die Angehörigen haben sich im Lokal lebhaft unterhalten. Immer wieder hörte ich die verschiedenen Töne und das Treten der Füße. Für mich war es kaum auszuhalten, und so bezahlte ich noch die Rechnung und ging bald aus dem Cafe. Ein kleiner Spaziergang in der Nähe tat mir gut, obwohl ich etwas traurig war.
Wie es meine Art ist, war ich bei allem Lernen und Üben „hoch motiviert“, wie die Therapeuten es nannten. Ich würde ehrlicherweise sagen, ich war verbissen. Wahrscheinlich war ich durch die starke Konzentration beim Sprechen schließlich total verspannt. Der Nacken, die Schultern und auch die Atemmuskeln waren überanstrengt. Ich war dankbar, dass ich gymnastische Übungen unter guter Anleitung machen konnte. Außerdem gab man uns noch Anleitung zu Entspannungsübungen. Meine verspannten Muskeln und Sehnen wurden durchgeknetet. Anschließend hatten mir die Therapeuten ½ Stunde Erholung im Ruheraum empfohlen. Dies alles habe ich richtig genossen.

GESPRÄCHSGRUPPE FÜR ANGEHÖRIGE

Man hat uns Angehörigen eine Gesprächsgruppe angeboten. Ich merke, dass es mir hilft, wenn ich meine Gedanken, Beobachtungen und Sorgen aussprechen kann. Es tut mir auch gut, zu hören, was die anderen empfinden. Es sind, wie auch in Jesteburg, wieder nur Frauen. Warum? „Ich habe meinen Mann schon begraben“, sagte eine Frau unter Tränen. „Der Mann, den ich einmal geheiratet habe, ist nicht mehr da.“ Wir kommen wieder auf dieses Thema: die Veränderung der Person. Schon in Jesteburg hatte man mir gesagt, dass alle Kranken, auch Gregor, eine Veränderung durchmachen. Manche Eigenheiten, die er früher schon gehabt hat, werden sich möglicherweise noch verstärken, andere

Eigenschaften werden deutlich hinzukommen. Frau Hilger in Jesteburg hat damals schon an Gregor einen ausgeprägten Ordnungssinn festgestellt und einen gewissen Zwang, ganz feste Strukturen zu besitzen. Früher, als wir uns kennen lernten, da liebte ich seine Verlässlichkeit, die auch mit seinem Ordnungssinn zusammenhing. „Gesagt ist gesagt!“, war sein Spruch. Ich konnte mich leicht seinen festen Strukturen anpassen, weil sie mir Halt gaben und Orientierung. Nun erkenne ich, dass ich selber viel Spontaneität besitze und zu viele feste Regeln und Vorschriften mich einengen. Ich habe mich auch verändert, so wie Gregor. Ich bin selbständiger geworden. Er ist zudem jetzt sehr verlangsamt. Wir sind nicht mehr im Gleichschritt. Wir sind „aus dem Tritt gekommen“. Ich muss lernen, damit zu leben. Thomas hat uns das Buch geschenkt: „Die Entdeckung der Langsamkeit“. Mit den anderen Frauen bekomme ich keinen so guten Kontakt. Sie sagen: „Ihr Mann ist doch noch gut dran. Er ist nicht gelähmt und kann sich verständlich machen. Sie können gar nicht mitreden!“ Mir tut es weh, wenn sie so sprechen, denn ich leide doch auch unter Gregors Veränderung. Es ist schade, dass Gregor etwas isoliert bleibt, weil er allein essen muss und auch abends nicht in die große Runde kommen kann. Ich selber gehe immer abends noch zu den anderen, wenn Gregor schon zu bett geht. Ich möchte gerne diese Isolierung verhindern. Leider kann ich in der Runde auch gar nicht so fröhlich sein, wie ich früher einmal war.

Im Haus arbeitet auch eine Ordensschwester, Schwester Ursula. Sie ist „der gute Geist“ und versucht mit jedem in guten Kontakt zu kommen. Den Abend gestaltet sie für alle, Betroffene und Angehörige, mit Singen, Vorlesen und Spielen. Was mir besonders gut tut, ist das morgendliche Angebot zu einer kleinen Gebets- und Meditationsrunde. Ich spüre deutlich, dass ich bei der ständigen Beanspruchung unbedingt Zeiten der Besinnung brauche, um wieder zu mir selbst zu finden.

ES HAT SICH GELOHNT

Rückblickend möchte ich sagen, mir haben die Wochen im Aphasie-Zentrum Vechta-Langförden gut getan. Das Personal war stets hilfsbereit und bemüht, mir den Weg zu zeigen, damit ich ein

Stück weiter gelange. Besonders denke ich an Frau B., von der ich den größten Teil der logopädischen Einzelbehandlungen erhielt. Zum Glück haben wir jetzt noch die vielen geschriebenen Übungsblätter, so dass es mir leicht fiel, mich zu erinnern. Frau B. hat mich einen guten Schritt weiter geführt. Dafür möchte ich mich heute noch bedanken.

In Vechta gab es für die Angehörigen auch einige interessante Informationsabende, z. B. sprach ein Neurologe über die Hirn-Organischen Veränderungen nach Gehirn-Blutungen oder Schlaganfall. Vor allem aber klärte er darüber auf, wie die Vorboten solcher Ereignisse früh genug zu erkennen sind und wie ein Rückfall möglichst verhindert werden kann. Es wurde uns auch berichtet über die Arbeit von Selbsthilfegruppen. Wir wurden dringend aufgefordert, uns zuhause so einer Gruppe anzuschließen, oder sie sogar selber ins Leben zu rufen. Doch ich habe meine Bedenken, weil Gregor so geräuschempfindlich ist.
Die Zeit in Vechta hat mir geholfen, unser Gesprächsverhalten zu beobachten und zu verbessern. Ich habe gemerkt, wie sehr wir beide gefühlsmäßig belastet sind. Es ist nicht leicht für mich, Gregor immer als gleichwertigen Gesprächspartner zu behandeln. Wenn er stockt und keine Worte findet, erwacht in mir Fürsorge, Mitleid und Ungeduld. Es macht mich auch manchmal ärgerlich, wenn er mich nicht versteht. Ich muss üben, einfache, kurze Sätze zu sprechen. Oft ertappe ich mich dabei, dass ich in Gegenwart anderer für ihn spreche, anstatt ihn selber langsam zu Wort kommen zu lassen. Ich weiß, dass so etwas sein Selbstwertgefühl auf Dauer ganz kaputt macht. Ja, das hört sich alles so einfach an, doch es ist schwer, seine eigenen Kommunikationsmuster zu verändern Zu dem ist es erschreckend, wie viele Informationen in unserem Umfeld schriftlich sind. Ich kann ihm aber nicht alles vorlesen, und ich bin auch nicht immer an seiner Seite. Wir müssen uns beide behelfen.

5. EINE ZEIT MIT VIELEM AUF UND AB

WEITERLERNEN MIT HELMUT

Das Lernen hörte nicht mehr auf. Ich hatte gute Fortschritte durch die Sprachtherapie in Vechta gemacht. Es war ein Schub nach vorne. Ich fühlte mich sicherer im Umgang mit den Leuten. Ich konnte besser sprechen. Aber das Lernen ging immer weiter. Nun ging ich nicht mehr zur Sprachtherapie, jetzt lernte ich das tägliche Einerlei. Gerade die Arbeit in unserem großen Garten forderte täglich hundert Schritte von mir. Viele Wege machte ich umsonst, weil ich nicht mehr wusste, wie man etwas macht. Aber es wurde immer besser.

Eine alte Idee hatte ich nicht vergessen: Schon vor meiner Krankheit hatte ich geplant, unseren kleinen Holzschuppen im Garten zu erweitern. Dieser Gedanke ließ mich nicht mehr los. Lange stand ich da und überlegte hin und her. Aber wie sollte ich beginnen? Ich brauchte Material und Werkzeuge. Doch ich war ja nicht allein auf der Welt. Voll Vertrauen ging ich zu unserem guten Nachbarn Helmut, dem Tischlermeister und Alleskönner. Mit vielen Kleinigkeiten war ich schon zu ihm gegangen. Er hatte immer Zeit für mich. „Das kriegen wir schon hin!", sagte er. Oder er kannte einen anderen Handwerker, der das Problem erledigen konnte. Anschließend haben wir oft bei mir in meinem kleinen Ostpreußenzimmer zusammen gesessen und über das Leben im Dorf, über die Politik, über Gott und die Welt gesprochen. Nein, bei meinem Freund Helmut spielte die Aphasie überhaupt keine Rolle. Als ich ihm meine Idee vom Vergrößern des Holzschuppens erzählte, sagte er sofort: „Komm, dass gucken wir uns mal an!" Dann meinte er, dass wir etwas mehr Platz haben müssten und zwei Bäume fällen sollten. „Mit meiner großen Baumsäge haben wir sie schnell herunter", sagte er. „Ich kann das nicht so schnell", sagte ich erschrocken. „Ja, ja, wir haben doch Zeit, wir sind doch im Ruhestand", meinte er gemütlich. Aber wie Helmut die Bäume fällen wollte, konnte ich mir noch nicht vorstellen. Da fiel mir mein altes Bergsteigerseil wieder ein. Das holte ich und

Helmut zeigte mir langsam den geplanten Weg. „Pass auf! Mit unserer langen Kippleiter steigst du auf den Stamm und bindest das Seil oben fest. Du, als Bergsteiger hast das Klettern bestimmt nicht verlernt.“ Über Helmuts Mut freute ich mich. Bei anderen waghalsigen Ideen hielt mich meine Frau nämlich immer zurück. Aber meine Frau war zum Einkaufen weggefahren. Jetzt wurde ich gelobt und endlich wieder gebraucht. Ich kletterte also vorsichtig nach oben, band das Seil fachmännisch um den Stamm. Mit festen Schritten stieg ich herunter. „Nun, das ist geschafft“, sagte Helmut. Er zeigte mir ruhig die Stelle, wohin ich ziehen sollte, sobald er mit dem Sägen beginnen würde. Wenn dann der Baum zu zittern beginnt, dann sollte ich selbstverständlich zur Seite laufen. Ich erinnerte mich wieder an Baumfällerarbeit. Es ging los. Die Säge dröhnte. Ich zog kräftig am Seil. Der Baum weinte und krachte genau auf die richtige Stelle. „Gut“, sagte Helmut, „dann kommt der nächste dran.“ Als Renate vom Einkaufen zurückkam, lagen beide Stämme im Garten. „Nein, das war viel zu gefährlich“, rief sie erschrocken. Aber ich lachte und trank mit Helmut ein Bierchen. Über all das, was mir Helmut gezeigt hatte und weitere viele kleine Schritte freute ich mich. Es war eine wahre Holztherapie vom Meister zum Lernenden. Auch an den nächsten Tagen kam Helmut mit Rat und Tat zu mir. Mit seiner langen Messstange haben wir die Punkte ausgelotet. Dort musste der jeweilige Pfeiler hinkommen. Ich grub tiefe Löcher in die jeweils ein großer abgeschnittener Plastikeimer gestellt wurde. In diese Eimer goss Helmut Zementmörtel. Ich schaute zu. Für mich war alles ein Erinnern.

Ja, das war endlich mal wieder richtiges Arbeiten, etwas ganz anderes als die dauernde Sprachtherapie. Nachdem wir die Vierkanthölzer gesetzt hatten, verabschiedete sich Helmut. „Die Bretterwand kannst du selbst nageln. Und wenn du mich brauchst, ...Du kennst ja den Weg.“ Ach ja, so einen Nachbarn, den kann man sich wünschen. Als ich nach einigen Tagen auch das neue Dach genagelt und verschraubt hatte, holte ich Helmut zur „Bauabnahme“. „Gut, gut“, sagte der Meister. „Bis auf den linken Nagel dort, der ist schief!“ Dabei schmunzelte er gutmütig.

Die regelmäßigen Fahrten nach Hamburg machten mich immer sicherer. Bald zeigte mir meine Frau auch den Weg nach Hamburg-Sasel, wo unsere Kinder wohnen. Nun konnte ich hier auch regelmäßig einen Besuch machen. Es war auch nicht zu schwer für mich, weil ich schließlich 40 Jahre in verschiedenen Stadtteilen Hamburgs gearbeitet und gewohnt habe. Zum Glück ist mir mein Erinnerungsvermögen erhalten geblieben. Wenn meine Frau mit dem Auto durch Hamburg fährt, so weise ich sie als Beifahrer durch den dichten Autoverkehr. Ja, das macht mir Spaß. Aber wenn jemand in den südlichen Stadtteil Harburg fahren möchte, so fehlt mir häufig das Erinnerungsvermögen. Dort habe ich nicht gearbeitet. Aber sonst kenne ich mich in Hamburg aus. Nur die Namen der einzelnen Stadtteile sind mir verloren gegangen. Manchmal übe ich wieder die Wörter, wie Mundburg, Barmbek, Bramfeld, Wellingsbüttel, Volksdorf usw.
Wenn ich allein losfuhr, vereinbarten wir, dass ich im Notfall irgendjemanden bitten würde, meine Frau anzurufen, denn telefonieren von außerhalb kann ich heute noch nicht alleine. Am Hauptbahnhof war und ist es mir heute noch unwohl. Die vielen Menschen, die schnell hin- und hergehen, irritieren mich. Besonders der Lärm dieser Züge und die Lautsprecher kann ich kaum aushalten. Ich halte mir jedes Mal die Ohren zu und versuche schnell an der Menschenmasse vorbeizugehen. Oft passiert es, dass ich jemanden anstoße, weil mein Blickfeld eingeengt ist. Dann kann ich mich nur entschuldigen. Aber die Menschen sind oft schon längst weiter gehetzt. Meine Frau war am Anfang immer etwas in Unruhe, wenn ich unterwegs war. Jede Fahrt haben wir vorher gut besprochen. Aber einmal kam mir unterwegs die Idee, ich könnte ja mal meine Schwägerin in Hamburg-Wilhelmsburg besuchen. Ich dachte mir, dann würde ich noch sicherer im Fahrverkehr. Ich stieg also dort aus und fand auch ohne Probleme zum Haus der Verwandten. Alles war gut gegangen. Auf der Rückfahrt fuhr ich wieder mit dem Bus bis Hamburg-Harburg, wie mir die Schwägerin gesagt hatte. Hier wollte ich den planmäßigen Zug bis Winsen nehmen. Da würde meine Frau aber staunen, dachte ich. Schon in der Bahnstation sah ich

übermäßig viele Menschen stehen. Bei einem Bediensteten fragte ich nach dem Regionalzug nach Winsen. Er sagte, dass diese Linie gesperrt sei, und der gesamte Verkehr über Bremen geleitet werde. So etwas konnte ich mir nicht vorstellen. Was sollte ich in Bremen? Diese vielen Menschen um mich herum! Wer würde mir jetzt helfen? Mein Kopf fing an zu brennen und zu schmerzen. Wie ein kleines, hilfloses Kind hielt ich mir die Hände vor das Gesicht und weinte. Alle wichtigen Wörter, die ich von meiner Frau und Frau Hilger gelernt hatte, wusste ich nicht mehr. Ich weiß heute, dass ich doch nur einen dieser vielen Menschen hätte fragen können, und dass ich hätte sagen können, dass ich nicht lesen kann und dass ich krank bin. Aber leider, die Angst hatte mich gepackt und ich war traurig. Nach etwa einer Stunde hieß es, dass in 10 Min. der nächste Zug nach Winsen ordnungsgemäß ein- und abfährt. Ich hatte das Gerede natürlich nicht verstanden. Als die vielen Leute nun zum Zug gingen, hatte ich den Mut und fragte einen Mann, ob es nun doch wieder einen Zug nach Winsen gäbe. Er sagte: „Ja, das soll jetzt losgehen." Ich ging mit dem ganzen Menschenstrom, aber beruhigt hatte ich mich noch nicht.
Noch ähnliche Probleme musste ich durchstehen. Nach und nach wurde ich sicherer. Erst nach drei Jahren hatte ich keine Angst mehr bei den einzelnen Schwierigkeiten, die der öffentliche Nahverkehr mit sich bringt. Heute gehe ich auf die Menschen zu und frage sie. Ich sage, dass ich gehirnkrank bin und dass ich nicht mehr lesen kann. Ich habe die Erfahrung gemacht, dass die Menschen immer freundlich sind und mir helfen.
Nach diesen drei Jahren habe ich auch nicht mehr in der Öffentlichkeit geweint.

DEPRESSIVE TAGE UND WOCHEN

Gregor versteht mich nicht! Er macht mir dauernd neue Vorschriften. Aber wir können nicht gut miteinander sprechen. Am schlimmsten ist es, wenn ich telefoniere. Er erschrickt schon beim Klingelzeichen. So ein Anruf reißt ihn aus seinen Gedanken, seiner Arbeit, für die er alle Konzentration braucht. Ich will aber auf die Verbindungen mit Freunden und Verwandten nicht verzichten. Er hat ganz vergessen, dass er früher beruflich und privat immer

mit dem Telefon gelebt hat. Auf Anraten unserer Hausärztin habe ich für mich ein zweites, ein mobiles Telefon angeschafft. Trotzdem kommt er in mein Zimmer und möchte, dass ich mit dem Sprechen aufhöre.
Er geht abends schon um 19.30 Uhr schlafen, dann ist er müde. Das verstehe ich gut. Wenn ich noch fernsehen möchte, ärgert er sich. „Alles nur Quatsch!"
Oft fahre ich abends zum Kirchenchor, zum Englischunterricht oder zu kirchlichen Veranstaltungen. Dann schimpft er: „Du bist immer weg." Mit dem Auto fahren soll ich auch nicht. Er sagt: „Machst du schon wieder eine Lusttour?"
Ich will mir keine Vorschriften mehr machen lassen. Ich merke, dass ich mich in der letzten Zeit auch verändert habe. Früher habe ich diese Bevormundungen hingenommen. Heute überlege ich selber, was richtig und wichtig ist.
Aber mit einem Aphasiker kann man nicht streiten. Wenn ich schnell und laut spreche, ist für ihn alles aus. Dann wird er ganz depressiv. Ich will mit der Ärztin darüber sprechen.

Die ersten Jahre nach meiner Krankheit waren die schwierigste Zeit. Alles, aber auch Alles musste ich lernen. Ich musste suchen und immer wieder üben all das, was ich doch früher konnte und wusste. Das war schrecklich. Das Gehirn meines Kopfes hat mir so vieles weggenommen. Ich sagte mir, dass ich keine Schuld daran habe. Ich hatte immer gesund gelebt, hatte nicht getrunken und nie geraucht. Ich hatte doch auch immer Sport gemacht.
Dann kamen Phasen, in denen ich ganz mutlos wurde. Ich konnte mir keine gute Zukunft mehr vorstellen. Manchmal hatte ich Ärger mit meiner Frau, weil ich etwas anderes meinte als sie. Ich wollte meinem Ärger Luft machen, Es war schlimm, denn ich konnte nicht schnell sprechen. Ich hatte sofort Kopfschmerzen.
Wer war der Sündenbock, der mich am Kopf zerstört hat? Ich fand keinen direkten Verursacher. In diesen kopfkranken, depressiven Stunden gab ich meiner Frau die ganze Schuld, weil sie mich geärgert hatte. Ich konnte nichts machen und ich tat mir auch selber sehr leid. Dann kam mir immer wieder mein Plan in den Sinn: Ich kannte die Zeit, wenn der Schnellzug von Hannover nach Hamburg durch Winsen rast. Seitlich vom Winsener Bahn-

hofsgelände hatte ich mir einen Platz ausgesucht. Ich wollte mich auf die Schienen legen, dann wäre es aus. Dann hätte meine Frau ihre Bestrafung, dann würde sie sich wundern und dann würde es ihr wohl Leid tun, aber es sollte so sein. Ich habe schließlich daran keine Schuld.

Heute frage ich mich, wie konnte ich nur so denken, ja, wie krank war mein Gehirn? Zum Glück habe ich diese Krankheitszeit überstanden. Gerade meine Frau, die mir stets geholfen hat und mir soviel Liebe geschenkt hat.... Im Nachhinein kann ich nur sagen: „Liebe Renate, es tut mir leid!"

Jeder Psychotherapeut kennt die kranken Wege des Gehirns, aber es ist bei jedem Menschen anders. Ich habe später mit verschiedenen Aphasikern gesprochen und sie befragt, ob sie auch selber Depressionen hatten. Die meisten sagten, dass sie in der Anfangszeit auch depressive Zeiten erlebt hätten.

Wenn ich gute Tage hatte, dann fühlte ich mich in meinem Umfeld zufrieden, z. T. auch glücklich. Jeden zweiten Tag joggte ich durch die Feldmark und den nahen Wald. Die Arbeit im Garten machte mir Spaß. An Regentagen sortierte ich meine Briefmarkensammlung. Ab und zu besuchte ich die Kinder in Hamburg-Sasel. Mit meiner Frau erzählten wir uns gegenseitig Neuigkeiten über Politik und auch über die Hörbücher, die ich gehört hatte und ähnliches. Wir besuchten Verwandte und machten kleinere Reisen. Mir war bewusst, dass ich möglichst aus dem depressiven Desaster herauskommen musste. Regelmäßig ging ich zum Doko (Doppelkopf-Spiel) mit den alten Kollegen. Unsere gute Hausärztin, Frau Dr. Früh, hatte stets Zeit für ein Gespräch. An gewissen Tagen habe ich ihr einen Teil meiner Krankheit erzählt. Sie war wohl so feinfühlig, dass sie mein tiefes Kranksein spürte. Aber ich war nicht ehrlich genug, um alles von meinen Todesgedanken zu erzählen. Es war angenehm, mit ihr wie mit einem guten Freund zu sprechen.

Sie hat mir Tabletten verordnet. Es hat viele Monate gedauert, bis ich mich von Mal zu Mal sicherer fühlte. Heute meine ich, dass es etwa drei Jahre gedauert hat. In dieser Zeit haben mir Menschen geholfen, vor allem meine Frau und die stets bereite, freundliche Frau Dr. Früh. Heute fühle ich mich sicher und brauche keine Depressiv- Tabletten mehr.

Wir haben uns beide verändert. Das bringt so eine Krankheit mit sich. Am Anfang war es, als hätten sich plötzlich die Rollen vertauscht. Mein starker Mann, der immer für alles gesorgt hatte, musste plötzlich von mir versorgt werden. Dann musste Gregor lernen, langsam wieder selbständiger zu werden und ich musste es üben, Verantwortung zu übernehmen. Die Ärztin sagte, dies alles wäre eine große Chance für uns beide. Vielleicht können wir gerade durch diese Krankheit lernen, endlich gute Partner zu werden.
Ich besuche weiterhin eine „Angehörigen Gruppe“, bei der Pflegestation „Lichtblick“ gleich in unserem Nachbardorf Garlstorf. Da sind Personen, die auch einen kranken Angehörigen pflegen. Wir können gut miteinander unsere Probleme austauschen. Die Leiterin und eine Psychologin helfen uns. Dort fühle ich mich verstanden. Oft merke ich, dass andere es noch viel schwerer haben. Aber ich kann auch erkennen, dass meine Probleme natürlich zuerst mit mir selbst zusammenhängen. Ich kann versuchen, mich selbst zu ändern, eine andere Sicht zu bekommen. Von Gregor kann ich das nicht erwarten und schon gar nicht verlangen.

6. AATALKLINIK BAD-WÜNNENBERG 03.2001

GREGOR BRAUCHT MEHR THERAPIE

Nach einem Jahr „der Ruhe“ und des Einlebens zuhause, wussten wir, dass Gregor mehr fachliche Hilfe braucht. Wir suchten gemeinsam nach einer Klinik, in der er eine gute Intensiv-Therapie bekommen konnte. Erschwerend war die Suche wegen seiner Geräusch-Empfindlichkeit. Wir wussten ja aus Erfahrung, dass er nicht in großen Speiseräumen essen und auch nicht an abendlichen Erholungsgruppen teilnehmen kann. Wir brauchten eine ambulante Intensiv-Therapie. Bei Dr. Middeldorf in Lindlar wurden wir leider abgewiesen. Dann lasen wir in der „Zeitschrift des Bundesverbandes Aphasie“ etwas von der Logopädiestation in der Aatalklinik Bad-Wünnenberg. Hier werden Patienten nach Schlaganfall, Schädel-Hirnverletzung und anderen neurologischen Erkrankungen aller Schweregrade behandelt.

Im Besonderen verfügt die Klinik im Rahmen der neurologischen Rehabilitation über die Möglichkeit der logopädischen Intensiv-Rehabilitation.

Wir wandten uns an Herrn Volker Runge, den Leiter des Regionalzentrum Ostwestfalen-Lippe, das seine Arbeit in der Aatalklinik aufgenommen hatte. Wir hatten Glück! Herr Runge war selber bereit, mit Gregor eine ambulante Intensivtherapie durchzuführen. Die nötigen Rezepte (40 X Einzeltherapie, 12 x Gruppentherapie) gab uns unsere Hausärztin gerne. Wieder bezahlte die Krankenkasse nur die Therapien. Für Unterkunft u. Verpflegung mussten wir selber aufkommen. Mit viel Glück fanden wir eine sehr günstige Ferienwohnung.

Am 04. 03. 2001 machten wir uns mit dem PKW auf den Weg. Wir waren beide voller Hoffnung und guten Mutes. Unsere Fahrräder hatten wir wieder mitgenommen, denn Gregor wollte ja nicht nur

„Wörter suchen". Und ich wollte gerne auch mal im nahen Paderborn meine Schwester besuchen.

Wie abgesprochen waren wir am Montag, 05. 03. 2001, zeitgerecht in der Aatalklinik. Das Zimmer von Herrn Runge war uns schon bekannt. Nach einem angenehmen, lockeren Gespräch meinte Herr Runge: „Na, wir wollen mal gleich anfangen". Er zeigte mir einige mir bekannte Arbeitsblätter, die ich in ähnlicher Form bei Frau Hilger und auch bei Frau B. kennen gelernt hatte. Mit diesem Test konnte er den Schweregrad meiner Aphasie feststellen.

Ohne Probleme benannte ich die gezeigten Bilder. Doch die folgenden Blätter waren nicht mehr so einfach. Wie heißt das doch? Ich war wie blockiert. Herr Runge begann mit den Anfangsbuchstaben. Die meisten Wörter erreichten ihr Ziel. Leider ging es auch bei großem Willen nicht immer. Für diesen Therapiemonat hatte ich mir viel vorgenommen. Beim Sprechen fehlten mir oft die passenden Wörter. Das wollte ich ein gutes Stück verbessern. Auch meine Leseschwäche wünschte ich zu verbessern. Von Herrn Runge sollte ich täglich am Vor- und Nachmittag eine Stunde Sprachtherapie erhalten. Schon am ersten Nachmittag wurde es für mich ernst. Das Lesen eines Textes brachte mir ein mühsames, stotterndes Stück Arbeit. Der Text hatte nämlich „Löcher". Ich meine, es fehlten immer einige Wörter, stattdessen war ein kleines Bildchen gemalt. Ich wunderte mich, was sich die Therapeuten alles so ausdenken. „Das packen Sie schon", sagte Herr Runge. Ja, ich hatte meine starke Willenskraft. So erhielt ich zusätzliche Hausaufgaben. Die Übungsbogen waren ganz unterschiedlich. Da war z. B. ein Fahrrad abgebildet, und ich wusste auch sofort das Wort. Aber nicht darauf kam es an, sondern der Pfeil zeigte nur auf einen Teil des Fahrrades, den Sattel. Ja, das Wort „Sattel" fand ich ohne lange nachzudenken. Schwieriger wurde es für mich bei Gegenständen, mit denen ich schon lange nichts mehr zu tun hatte. Bei dem großen Musikinstrument musste ich schon überlegen. Ach ja, das ist ein Klavier. Aber um diese Frage ging es gar nicht. Der Pfeil zeigte auf diese kleinen Dinger, auf denen gespielt wird. Ich überlegte und überlegte, dann habe ich es aufgegeben. Herr Runge nannte mir das fehlende Wort in der nächsten Stunde: „Taste“. Als ich es dann hörte, war es für mich so selbstverständlich. Das Wort Taste, Klaviertaste, das ist doch verständlich und bekannt.

Herdplatte
Schalter
Backofen
Herd

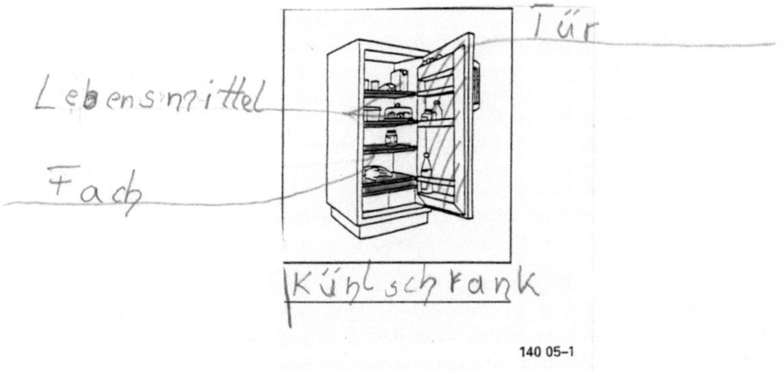
Tür
Lebensmittel
Fach
Kühlschrank

140 05-1

Wasserhahn
Ablage
spülbecken
Spüle

In dieser Art bekam ich später nacheinander vielerlei Blätter als Hausaufgabe. Herr Runge war ein guter Sprachtherapeut, der es verstand, mich bis zur Übungsgrenze zu führen. Ja, ich wollte doch die fehlenden Wörter alle suchen und finden.
Nachdem ich die erste Übungsstunde gemacht hatte, wollte ich unbedingt die Umgebung kennen lernen. Wir wohnten direkt gegenüber der großen Aatalklinik. Rechts seitlich liegt der weit ausgedehnte Kurpark. Der untere Teil von Wünnenberg ist im Tal wie in einer großen Wanne. Die Parkanlage geht in verschiedene Wanderwege über. Die gesamte andere Ortseite ist bewaldet. Das war für mich interessant. Wir mussten schräg nach oben steigen. Von hier aus konnten wir auf halber Höhe zur Klinik hinabsteigen. Ich nahm mir vor, diesen Weg vom ausgedehnten Tal und den Höhenweg im grünen Nadelholzwald täglich vor dem Frühstück abzulaufen. Ja, das tat ich dann auch. Bald entdeckten wir auch einen gut angelegten Barfußweg für Kneippkuren. Alles war sehr gepflegt. Aber das brauchten wir ja nicht gleich am ersten Tag zu nutzen. In aller Ruhe bewunderten wir die alten Parkbäume. Wir spürten beide, dass wir uns hier wohl fühlen konnten.

BUCHSTABIEREN IST NOCH KEIN LESEN

Was ist das denn? Heute waren alle Wörter spiegelverkehrt gedruckt. „Sie sollen die Wörter von hinten nach vorne lesen und dann gleich richtig aufschreiben“, sagte mir Herr Runge. Ich musste kurz überlegen, aber dann klappten die Wörter deutlich und problemlos. Bei der zweiten Aufgabe waren die langen Hauptwörter hintereinander ohne Bindestrich gedruckt, z.B.: AUTOREIFENPROPILHOLZLEISTE oder HAUSTÜRSCHLOSSGARTENSTUHL. Dabei musste ich länger überlegen. Ich sollte die Wörter finden, die darin steckten. Aber auch das schaffte ich. Ich brauchte auch hier nicht flüssig zu lesen. Denn das flüssige Lesen war immer noch mein Problem. Immer wieder gab Herr Runge mir Zusatzaufgaben, die ich im Hause machen könnte, aber nur, wenn es mir Spaß machen würde. Ich tat das gerne. Ohne weiteres setzte ich mich in das Wohnzimmer und schrieb meine Aufgaben. So standen einmal zwei Wörter neben einander, eines hatte einen falschen Buchstaben. Ich sollte den

Fehler finden. Oder bei jeweils fünf Wörtern mit einem Oberbegriff passte ein Wort nicht dazwischen. Z.B.: Löwe, Pranke, Rüssel, Fell, Mähne. Ich strich das Wort „Rüssel" durch. Manchmal sollte ich zuhause lange Listen schreiben.
Herr Runge gab mir auch gelegentlich einen Oberbegriff, wie Grundnahrungsmittel, Gebrauchsgegenstände, Gemüse, Kleidung oder Berufe. Ich sollte alle passenden Wörter dazu finden. Eifrig forschte ich in meinem Gehirn.
Ich staune heute, wenn ich die verschieden langen Listen in meinem Ordner finde. Für mich waren solche Aufgaben manchmal leichter und manchmal schwer. Letztlich ist alles ein Schritt nach vorn, dachte ich mir.
Neben Herrn Runge hatte ich auch eine Sprachtherapeutin, die mit mir das bessere Atmen üben sollte. Schon Frau Hilger hatte mich auf mein holperiges Atmen und Sprechen hingewiesen. Wenn ich etwas erzählen sollte, kamen meine Wörter stoßartig aus meinem Mund. Die Therapeutin sprach klar und gleichmäßig. Ich versuchte ähnlich zu sprechen. Aber wenn ich es besonders gut machen wollte, wurde ich verkrampft und meine Sprache wurde ruckartig. Von heute auf morgen geht das eben nicht.
„Atmen Sie langsam und tief! Heben und senken Sie ihre Arme! Bewegen sie den Oberkörper!"
Ich kann mich nicht mehr erinnern, welche Übungen sie mit mir noch gemacht hat. Aber ich habe noch einige Blätter, die sie mir zum Lesen gegeben hat. Sie las mir ein oder zwei kurze Gedicht vor. Sie sagte: „ Versuche Sie es langsam und im gleichmäßigen Rhythmus zu lesen. ." Ich übte und übte, aber mein Lesen war und blieb holperig. Ich machte Pausen, wo ich keine machten sollte. „Versuchen Sie es auswendig zu sprechen!" Ich las und übte und las immer wieder, bis ich den ersten Vers auswendig sprechen konnte. Die Therapeutin lobte mich. So probierten wir es mehrere Tage.

Ja, ich kann die Arbeit der Therapeutin gut verstehen; spüre ich doch oft am eigenen Leibe mit, wie verkrampft Gregors Atemmuskulatur ist und wie sein Zwerchfell zittert beim Sprechen. Wie mühselig war es, dieses kleine Gedicht ohne Stottern zu sprechen. Aber Herr Runge tröstete: „Wir müssen Geduld haben! Man kann nicht alles mit einem Mal erreichen." Ich merke ja auch, wie sehr es Gregor innerlich anstrengt, wenn er die richtigen Wörter sucht. Ich muss noch besser lernen, dass unsere Kommunikation einen anderen Rhythmus bekommen hat. Ich muss das erkennen und akzeptieren. Gregor spricht oft lange, umständliche, unvollendete Sätze. Dabei kommt er von einer Sache auf die andere. Er gestikuliert mit den Händen und verliert selber seinen Faden. Man kann ganz nervös werden. Wenn ich ihn unterbreche, wird er ärgerlich. Besser ist es, wenn ich abwarte. Er kann es eben nicht besser.

Ich vermisse so sehr seine frühere feste Stimme, seine Ausdrucksweise, wie er laut und witzig in Gesellschaften war. Aber ich will mich auch nicht ewig bedauern. Ich weiß, dass andere mit ihrem Partner überhaupt nicht mehr verbal kommunizieren können. Gregor kann sich ja noch ausdrücken, wenn man ihm Zeit lässt und warten kann. Es kommt auf das Verstehen an.

Während der nächsten Woche sollte ich ein anderes Gedicht langsam lesen. Leider ging es immer noch nicht besser. Nochmals, nochmals und nochmals las ich. Bis auf eine Kleinigkeit konnte ich es schließlich auswendig. Ich sollte wieder langsam und gleichmäßig sprechen und dabei die Betonung beachten. Eigentlich war es kein Gedicht, sondern ein Kindervers, doch mir gefielen diese Reime so gut. Später, wenn wir wieder zuhause wären, wollte ich diese lustigen Verse unseren Enkelkindern vortragen. Renate half mir, mit der richtigen Betonung zu sprechen und dabei auch die Hände zu bewegen. An einem der nächsten Tage machten wir beide wieder einmal einen Spaziergang durch den Kurpark. Unterwegs hatte Renate die Idee, das kleine Gedicht während des Gehens gleichmäßig aufzusagen. Es machte mir Spaß. Dann trafen wir zufällig auf eine größere Kindergruppe mit zwei Kindergärtnerinnen. Ich fragte sie, ob ich den Kleinen meine Verse vortragen dürfte. „Natürlich! Machen Sie das gerne!" Als dann die Kinder alle ruhig waren, begann ich langsam und deutlich, gestenreich und mit guter Betonung die lustigen Verse von „Himpelchen und Pimpelchen" meinem kleinen Publikum vorzutragen.

Himpelchen und Pimpelchen
stiegen auf einen Berg.
Himpelchen war ein Heinzelmann
und Pimpelchen war ein Zwerg.
Sie blieben lange
da oben sitzen
und wackelten mit ihren Zipfelmützen.
Doch nach vielen, vielen Wochen
sind sie in den Berg gekrochen.
Dort schlafen sie in guter Ruh'.
Seid mal still,
und hört ihnen zu.

Die Kinder staunten über den Opa, der so eine gute Geschichte erzählen konnte. Die Kinder und Kindergärtnerinnen konnten es nicht ahnen, aber für mich war es „ein öffentlicher Auftritt". Renate und ich erinnerten uns an meinen kläglichen Versuch, damals in Jesteburg nach dem Vortrag des Försters, eine laute Frage zu stellen. Dagegen war dies ein echter Erfolg.

HABEN SIE VERSTANDEN, WAS ICH GESAGT HABE?

In den folgenden Tagen wurde mein Unterricht schwerer, aber auch interessanter. So las Herr Runge mir einen Text über das Salz vor. Es waren nur fünf Sätze. Aber anschließend stellte Herr Runge mir Fragen: Woher stammt der Mensch? Wozu braucht der Mensch Salz in der Nahrung? Was ist bei niederen Meereslebewesen anders als beim Menschen?

Den größten Teil des Textes hatte ich verstanden, obwohl er für mich schwer zu verstehen war. Manches wusste ich bisher nicht, ich hatte mir nie Gedanken darüber gemacht. Einiges von dem Gelesenen hatte ich nicht aufgenommen. All das Gehörte geht auch heute leider noch zu schnell. Manchmal resignierte ich und sagte zu Herrn Runge: „ Die gehörten Wörter gehen zu schnell. Ich möchte zu gerne verstehen und wie andere Menschen lesen und schreiben, aber mit mir hat es wohl keinen Zweck." Dann sagte Herr Runge: „ Ich weiß, Sie packen das! Ziehen Sie Ihr Sportzeug an und laufen Sie einige Kilometer durch den Wald!"

Er kannte schon meinen Drang nach Bewegung. Und richtig! Nach einigen Kilometern lockerte sich mein verspanntes Gehirn wieder. Der Schweiß lief mir herunter, und als ich mich unserer Wohnung näherte, war ich wieder ein zufriedener Mensch.
An einem der nächsten Tage meinte Herr Runge: „Heute müssen Sie wieder schwere Arbeit leisten! Es geht um das Volk der Bienen." O, das kannte ich ja schon. Das hatte ich bereits mit Frau B. erarbeitet. Aber wie ein Schuljunge habe ich Herrn Runge nichts davon verraten. Doch als er die ersten Sätze vorlas, war ich erschüttert. Dieser Text war mir unbekannt und ich sollte das alles verstandesgemäß aufnehmen. Herr Runge las bewusst langsam. „Haben Sie diese sechs Sätze verstanden?", fragte er mich. „Ja, ich meine schon", antwortete ich. Langsam stellte er nun die erste Frage: „Was ist die Aufgabe der Bienenkönigin?" Ich hatte mir das gemerkt und konnte den Satz wiedergeben. Auch die nächsten zwei Fragen waren für mich kein Problem. „Ach, das klappt heute gut. Aber, lass uns weiter machen!" Alles konnte ich nicht beantworten. „Ach, das ist doch nicht so schlimm", tröstete Herr Runge und lachte dabei. Er verstand es gut, vom schwierigen Thema abzulenken und lustig mit mir über das tägliche Einerlei zu reden oder irgendeinen Spaß zu machen. Weil er selber aus Friesland stammt, sprach er oft über „das kluge Volk der Friesen". Dann konterte ich und sagte: „Die meisten Friesen können doch nur weit werfen!" Dann gab es einige Minuten ein lockeres Hin- und Hergespräch. Das tat mir und meinem alten Kopf gut.

HERR RUNGE KANN NOCH ETWAS VON MIR LERNEN

Wir hatten inzwischen ein gutes persönliches Verhältnis. Zwanglos konnte ich mich mit ihm über verschiedene Themen unterhalten. Er wusste auch, dass ich ein ehemaliger Polizeibeamter bin. Er interessierte sich dafür, was ich so bei der Hamburger Polizei gemacht habe.
Nun, ich hatte ja keine Geheimnisse und erzählte gerne. Unter anderem war ich 12 Jahre lang in der Polizeischule Sportlehrer. Da hatte ich den jungen Polizisten verschiedene Polizeigriffe beizubringen. „Da muss ich mich ja vorsehen", lachte Herr Runge. „Na ja", sagte ich, „ich kann zwar jetzt nicht gut sprechen,

aber vom Sport verstehe ich etwas." „Was waren denn das für Polizeigriffe?" fragte er weiter. Ich berichtete ihm, dass ich auch an der bekannten Davidswache in St. Pauli Dienst gemacht habe. Da kam es immer wieder vor, dass jemand mit dem Auto gefahren war, obwohl er zuviel des Guten getrunken hatte. Hin und wieder wollten solche Männer nicht, dass der Polizeiarzt zum Beweis ihnen Blut abnahm. Dann ging alles ganz schnell: Ein Griff von mir und die Person wurde für einige Minuten ohnmächtig. Herr Runge war über die Wirkungsweise der Griffe verblüfft. „Na ja, das war etwas außerhalb der Reihe, aber bleiben wir beim Polizeidienst", sagte mein Lehrmeister. Er las mir etwas vor über den Dienst zweier Frankfurter Kriminalbeamtinnen. Jetzt war ich wieder ganz kleinlaut. Für mich war der längere Text sehr mühsam zu lesen.

Zuhause gab ich mir Mühe, es mehrmals durchzulesen und endlich auch zu verstehen. Wir arbeiteten tagelang daran. Ich war ganz in meinem ehemaligen Arbeitsgebiet. Das gefiel mir. Schließlich sage ich auch heute noch, es war für mich ein vielschichtiges, interessantes Arbeitsgebiet in einer Großstadt wie Hamburg. Doch vom Text her sollte ich schließlich die Fragen richtig beantworten. Immer gab es vier unterschiedliche Möglichkeiten: A), B), C) und D) Ja, ich hätte das alles schnell aus der Erfahrung beantwortet, aber das schwierige blieb das Lesen und das Verstehen des Textes.

Mit Interesse verfolge ich die Therapie und ich freue mich über das gute Verhältnis, das Gregor zu Herrn Runge hat. Gregors Selbstwertgefühl ist stark gestört. Vielleicht weiß er manchmal selber nicht, ob er noch der Mensch ist, der er früher einmal war. Aber je mehr ich darüber nachdenke und nachlese, umso mehr weiß ich, dass sich zwar seine Sprache stark verändert hat, aber im Grunde hat er noch sein ganzes früheres Wissen, seine Erinnerungen und auch alle seine Wünsche. Darum drückt auch jedes Interesse an seinem früheren Leben eine Wertschätzung aus, auf die er ein Recht hat und die er unbedingt braucht.

MEIN KOPF WOLLTE PLATZEN

Es war sehr gut, dass wir eine Ferienwohnung gemietet hatten, denn im großen Speisesaal der Klinik war es für mich viel zu laut. Wir haben es mehrfach zu verschiedenen Zeiten versucht. Die wenigen Gaststätten und auch das eine Hotel wurden in der Mittagszeit ebenfalls gut besucht.

So hatte ich auch hier mein großes Problem. Natürlich sprachen die Gäste und das Personal völlig normal miteinander. Aber schon fünf bis sechs verschiedene Stimmen schmerzten in meinem Kopf. Doch Renate konnte ja für uns einkaufen und das Mittagessen kochen. In unserer schönen Ferienwohnung war es ruhig und angenehm.

An einem Sonntag hatten uns Verwandte besucht. Sie wollten uns etwas Gutes tun und luden uns in ein feines Lokal zum Mittagessen ein. Ich dachte: Ob das gut geht? Wir gingen möglichst früh los, schon um 11.30 Uhr. Es war gut, nur zwei Personen saßen im Restaurant. „Wir haben Glück“, sagte Renate. Die Speisekarten wurden uns gebracht. „Danke“, sagte ich „ich kann leider nicht mehr lesen.“ Als uns das Essen serviert werden sollte, kam --- o weh – eine große Gruppe junger Menschen. Laut wurde gesprochen, gelacht und die Stühle hin- und her geschoben. Das war für mich unmöglich. Um im Garten weiter zu speisen, war es Anfang April viel zu kalt. Wir versuchten es in einer Ecke im Obergeschoß. Schade, die Gemütlichkeit war dahin. Die Anderen wollten mir helfen. Sie machten irgendwelche Vorschläge, aber es ging doch nicht. Mein Kopf wollte platzen. Ich konnte mit niemanden mehr ruhig reden. Fast hätte ich wieder geweint. Ich schluckte hastig mein Essen, um so schnell wie möglich aus diesem Haus herauszukommen. Das war der Besuchssonntag! Ich mag gar nicht mehr daran denken.

UND IMMER WIEDER ENTSPANNEN

Herr Runge ermahnte mich immer wieder, dass ich mich genügend erhole. Ich neige nämlich dazu, alles mit eisernem Willen zu erzwingen. Das ist auch heute noch so. Doch wenn ich es mit dem Lernen übertreibe, bekomme ich Kopfschmerzen, der Mund wird

mir ganz trocken, und ich kann am Ende überhaupt nicht mehr denken.
So haben wir uns erkundigt, wann es im nahen Hallenbad am ruhigsten ist, und oft gingen wir am späten Vormittag noch zum Schwimmen. Für uns war es ein ruhiges, gleichmäßiges Schwimmen von Bahn zu Bahn. Ach, das tat uns beiden gut. Gemütlich gingen wir den kleinen Weg zu unserer Wohnung zurück. Ich wunderte mich, wie schnell Renate dann das Mittagessen fertig hatte. Danach ruhten wir uns mindestens eine Stunde aus.
Wenn die Witterung es zuließ, machten wir am Wochenende Ausflüge in die Umgebung. Unsere Fahrräder hatten wir dabei. Im und um den Kurparks herum war für mich das Radfahren ohne Gefahr. Einmal fuhren wir mehrere Kilometer durch das hügelige Waldgebiet. In einer Neige kamen wir an den Aastausee. Er ist ein Trinkwasserreservoir. Wir freuten uns über die Ruhe und die Tiefe des reinen Wassers. Ich weiß noch, es war ein warmer, sonniger Frühlingstag, und wir konnten uns auf eine Bank setzen und genießen. Wie früher beim Bergwandern fehlten nicht das Brot und die harten Würstchen. Ob ich wohl noch einmal in den Bergen wandern kann? Diesen Wunsch mochte ich gar nicht laut aussprechen. Später fuhren wir zweimal um den ganzen Stausee und auf kleinen Nebenwegen nach Wünnenberg zurück. Ich sagte mir, dass ich froh und dankbar sein muss, dass ich so eine Radtour noch machen kann. So viele Aphasiker habe ich inzwischen kennen gelernt, die dazu leider nicht mehr in der Lage sind. Wir dachten an die Familie Täuber, bei der wir z. Zt. die Ferienwohnung gemietet hatten. Herr Täuber war LKW-Fahrer und erlitt 1993 einen Schlaganfall. Er ist seitdem linksseitig gelähmt. Im Juli 1995 bekam er einen zweiten Schlag und seitdem ist auch noch sein Sprachzentrum erheblich gestört. Wir können verstehen, welch ein Leid die Familie durchstehen musste. Wir beobachteten, wie Herr Täuber trotz seiner Behinderungen täglich in eine Behinderten-Werkstatt abgeholt wurde. Er war immer freundlich. Aber als ich einige Worte mit ihm wechseln wollte, war das fast nicht möglich. Schade, zu gerne hätte ich ein richtiges Gespräch geführt und gewusst, was in ihm vorgeht. So lief das Gespräch meistens über seine Frau und er stand lächelnd daneben. Wenn ich auch weiterhin sehr schlecht lesen kann und

unter den vielen Geräuschen leide, so kann ich doch langsam sprechen, wenn man mich nicht unterbricht, und ich kann mich frei bewegen. Ich muss wirklich zufrieden sein.

Auch für mich war und ist die Entspannung sehr wichtig. In Wünnenberg habe ich mit gutem Erfolg eine Kneippkur gemacht und Rückenmassagen verschrieben bekommen. Ich bin viel spazieren gegangen. In der Aatalklinik konnte ich auch eine Bibliothek nutzen und es wurde Gelegenheit zur Meditation angeboten. Ich habe gerne daran teilgenommen und es hat mich sehr viel ruhiger und gelassener gemacht. Meine Schwester zeigte uns außerdem, wie gut man sich entspannen kann, wenn man sich gelegentlich eine Patience legt. Gregor hat es auch gelernt, und gerade dieses zwanglose ordnungsgemäße Legen der Karten hilft uns abzuschalten und loszulassen. Außerdem haben wir beiden „alten Leute" es mit Spielen versucht, etwas, was in unserem gut geplanten Tagesablauf bisher gar keinen Platz mehr hatte. Mit viel Freude setzen wir uns manchmal hin und spielen „Rummy". Natürlich war Gregor am Anfang langsam und hat oft das Spiel verloren. Aber inzwischen muss ich verflixt aufpassen, sonst gewinnt er jede Partie.

LANGE SÄTZE MIT VIELEN INFORMATIONEN

In der letzten Woche hatte ich bei Herrn Runge noch lange, schwere Wörter zu lesen, bei denen jeweils ein einziger Buchstabe fehlerhaft geschrieben war. Ich hatte schon damit gerechnet, dass es zum Ende der Therapie noch schwieriger würde. Beim Üben benötigte ich viel Zeit. Aber ich wollte nicht aufgeben. Als ich das letzte Wort geschafft hatte, atmete ich auf. „Gut", sagte Herr Runge, „aber ich habe noch etwas in petto." Dann zog er zwei Blätter hervor. Er las: „Das Dreiliter-Auto aus der Fabrik der Zukunft." Ein interessantes Thema, dachte ich mir. „Nehmen Sie die Blätter mit in ihre Wohnung. Der Text ist diesmal etwas länger, aber ich meine, Sie werden es schon schaffen." Als ich das Geschriebene sah, bekam ich schon Angst. All das sollte ich armer Aphasiker lesen und begreifen? Zuhause schaffte ich es, mit großer Mühe die ersten vier langen Sätze zu lesen. Durch mein stotterhaftes Gelese hatte ich aber nur einige Teile dieser paar Sätze verstanden. Obwohl ich nun begriffen hatte, dass es sich hier um ein neuartiges Auto handelte, fehlten mir wichtige Details. „Das hat keinen Sinn!“, sagte ich zu meiner Frau. „Lies mir bitte ganz langsam den gesamten Text vor.“ Meinen Schreibstift hatte ich zur Hand und Renate las verständlich Satz für Satz. Hin und wieder bat ich um einen Lesehalt. Als ich dann die Begriffe und Sonderheiten verstanden hatte, las Renate langsam weiter, bis die Zeilen endlich ein Ende hatten. In meinem Kopf versuchte ich dieses besondere Kleinauto mit Namen „Smart“ zu speichern. Dazu galt es, die vielen verschiedenen Vorteile von Länge, Höhe, geringem Benzinverbrauch und anderes zu behalten und auch den Preis. Es sollte nur 15 bis 20 000 DM kosten. Am nächsten Tag ging es los, ich sollte Herrn Runge die vielen Fragen beantworten. Die ganze Stunde sprachen wir beiden Männer über dieses Thema: Auto. Es ging auch am nächsten Tag noch hin und her. Der Smart war angeblich das sparsame Auto der Zukunft. Es sollte nur 2.50 m Länge haben und enge Parklücken nutzen können. Man konnte das Fahrzeug mit Diesel- oder Otto-Motor wählen und der Verbrauch mit 3 oder 4 Litern wäre überaus günstig. Viele Möglichkeiten hatte ich aufgezählt. Herr Runge meinte, mit mir könne man sich inzwischen recht gut unterhalten, ja, ich würde mich wohl auch als Autoverkäufer eignen. Wir lachten beide und ich sagte: „Ich bin und bleibe Aphasiker, und hin und wieder fehlen mir plötzlich gewisse Wörter.“

Gregor versteht mich oft gar nicht. Aber meistens sagt er es nicht gleich. Er tut so, als ob er verstanden hätte. Es passiert immer wieder, wenn meine Sätze zu lang sind. Nur kurze, klare Sätze kann er erfassen. Es ist aber nicht so leicht, die eigene Sprechweise umzustellen. Ich darf auch nicht zu schnell reden. Wenn ich ihn beim Sprechen ansehe, kann ich sehen, dass er mich nicht mehr versteht. Dann frage ich: Hast du mich verstanden? Das muss ich auch immer wieder tun, wenn mit uns beiden ein Fremder spricht, etwa in einem Geschäft oder beim Arzt oder auf den Ämtern. Fremde Menschen fangen dann gleich an, sehr laut zu sprechen, weil sie meinen, Gregor sei schwerhörig. Schwierig ist es auch, wenn er antworten soll. Die meisten Leute stellen gleich mehrere Fragen auf einmal oder Alternativfragen, z. B. Möchten Sie den Wein trocken oder lieblich? Dann ist Gregor schon überfordert und sagt: „Lieblich“, weil das letzte Wort ihm noch im Ohr klingt. Die Speisekarten im Restaurant lese ich ihm sowieso nicht mehr vor. Diese ausgefallenen Namen der Gerichte verwirren ihn nur. Darunter kann er sich nichts vorstellen. Ich frage: Magst du Blumenkohl und Schnitzel? Das versteht er.

DEN FRIEDEN IN SICH SELBER FINDEN

Noch einmal ging ich die wenigen Schritte von der Ferienwohnung bis zum Sprach-Therapieraum in der Aatalklinik. Noch einmal gab Herr Runge mir eine Aufgabe, eine ganz leichte. Auf dem Fragebogen waren die Sätze nicht vollständig, es fehlte das letzte Wort, z. B.:„Ein Pullover gehört zur Bettwäsche, Nahrung, Kleidung.“ Aus den drei Wörtern hatte ich das richtige auszuwählen. Das konnte ich relativ schnell lesen und dann auch vermerken. „Na, das hat doch problemlos geklappt“, lobte mich Herr Runge.
Dann unterhielten wir uns ganz zwanglos. Herr Runge erzählte von den unterschiedlichen kranken Menschen, denen er gerne helfen möchte. Er berichtete mir auch von dem baldigen Abschluss seiner Doktorarbeit. Auch ich konnte ganz locker mit ihm über unser Zuhause sprechen, über das kleine Dorf, in dem wir wohnen, die abseits gelegenen Wege, die weiten Felder, den Wald und auch die Heide.
Dann hieß es Abschied nehmen. „Sie, lieber Herr Runge, waren für mich ein helfender, offener, liebenswerter Mensch. Gerne werden meine Frau und ich an Sie denken.“ Herr Runge hat noch einige gute, ermutigende Worte gesagt. Seine letzten Worte habe ich bis heute nicht vergessen:
„Ich habe alles für Sie getan. Mehr kann man jetzt nicht machen. Jetzt kommt es auf Sie an. Sie müssen den Frieden in sich selber finden!“

7. JEDEN TAG ANNEHMEN

HÖRBÜCHER VERBESSERN MEINE LEBENSQUALITÄT

Manchmal überkam mich eine große Traurigkeit, manchmal auch ein gewisser Neid auf die Menschen, die Texte lesen können. Ich schaffte es nicht. Trotz aller Therapie, trotz allem Üben blieb es doch nur bei einem Buchstabieren. Nur ganz leichte Wörter kann ich mit einem Blick erraten. Aber wenn es darauf ankommt, muss ich mir immer Hilfe holen. Zuerst schämte ich mich, wenn ich sagen musste: „Ich kann nicht lesen!“ Aber es nützt ja nichts. An der Bushaltestelle wandte ich mich an Kinder und erklärte ihnen meine Behinderung. Sie verstanden mich sofort und lasen mir den Busplan vor. Manchmal war ich mittags noch unterwegs und wollte gerne irgendwo etwas essen. Am Buffet stand ich und sah die großen Plakate, aber hatte trotzdem keinen Überblick, was es da günstig zu essen gab. Dann musste ich meine Scheu überwinden und mich an andere Leute wenden und sie bitten, mir vorzulesen. Immer erlebte ich viel Hilfsbereitschaft. Man hat mir auch geholfen, das Tablett zu tragen, weil ich ein bisschen unbeholfen bin. Diese Freundlichkeit tat mir sehr gut. Das Essen schmeckte mir noch mal so gut. Ich erzählte alles später zuhause und sagte: „Die Menschen sind nicht schlecht. Man muss als Behinderter nur die Angst verlieren und auf sie zugehen.“ Meine Frau bestärkte mich darin. Sie sagte immer: „Du brauchst nicht unruhig werden. Wenn ich nicht da bin, hilft dir gerne jeder andere.“
Aber meine Traurigkeit kam besonders auf, wenn ich im Zug oder im Wartezimmer sitzen musste und die anderen Leute blätterten in der Illustrierten oder holten ihre Zeitung heraus. Doch auch dieses Problem haben wir gut gelöst. Schon Herr Barm, aus der Waldklinik Jesteburg hatte uns geraten, uns über die Blindenhörbücherei Hörbücher zu besorgen. Meine Hausärztin hat darauf hin für mich ein Schreiben gefertigt, aus dem hervorging, dass ich seit dem 03. 02. 1999 nicht mehr lesen kann. Mit diesem Schreiben und einer Ablichtung meines Behinderten-Ausweises wandte sich Renate an die Westdeutsche Blinden-Hörbücherei in Münster.

Ganz problemlos konnte ich Mitglied werden. Es wurden uns dicke Kataloge gesandt mit vielen unterschiedlichen Buchgebieten. Renate wählte einige Bücher für mich aus. Dann erhielt ich die erste Box mit 6 Kassetten. Endlich konnte ich gute Bücher hören und verstehen. Allerdings waren die Sprecher auch oft zu schnell und ich langsamer Aphasiker hatte nicht verstanden. Ich versuchte, die Kassette zurückzudrehen. Das ging aber dann wieder so schnell, dass ich nervös wurde. Ein kleines Stückchen Text hätte mir gereicht. Leider gelang es mir nicht. Durch das Hin und Her kam es auch manchmal zu einem „Bandsalat“, wie Renate es nannte. Mühsam versuchten wir beide das Kassettenband in die richtige Reihe zu drehen. Auch hierbei musste ich lernen, Geduld zu haben. Doch das Hören der guten Bücher machte mir so viel Freude, dass ich eine richtige Lese- bzw. Hörratte wurde. Meine Frau kaufte mir zusätzlich einen kleinen Walkman. Alles Neue machte mir zuerst Angst, und ich verstand nicht, wie man mit dem „neumodschen Ding“ umzugehen hatte. Aber mit der Zeit lernte ich, die Kassetten richtig herum einzulegen, die Batterien einzusetzen und auszutauschen. Dieses Gerät nutzte ich dann zum Hören in den öffentlichen Verkehrsmitteln. Von da an waren in meiner Umhängetasche immer zusätzlich der Walkman und Ersatzbatterien.
In der heutigen Zeit geht die Technik aber mit rasenden Schritten voran. So wurde vor einigen Jahren der verbesserte Tonträger, die CD gebaut. Jede Verbesserung in der Technik, jedes Verstehen eines neuen Gerätes bringt für mich große Schwierigkeiten. Trotzdem war ich nicht zu stur, um nun ein wesentlich besseres Gerät zu benutzen. Früher brauchte man für ein dickes Buch manchmal sechs bis zwölf Kassetten. Nun passt das alles auf eine CD. Wir haben uns dann erkundigt und über den „Marland Spezialversand für Blinde und Sehbehinderte“ ein sehr praktisches CD-Abspielgerät gekauft. Die einfache Bedienung habe ich nach und nach gelernt. Es vergeht nun kein Tag, an dem ich nicht drei bis vier Stunden eines dieser Bücher höre. Das Fernsehen am Abend habe ich mir ganz abgewöhnt. Die Bilder und die Sprache sind mir immer wieder zu schnell. So lege ich mich schon um 19.30 hin und freue mich schon auf mein Buch. Als älterer Mensch brauche ich nicht mehr so viel Schlaf. Am Morgen, gegen vier

Uhr drücke ich wieder auf den Startknopf und schon ist das freundliche Gerät spielbereit. Für die Bus- und Bahnfahrten hat mir Renate ein zweites, tragbares Gerät gekauft. Das ist noch viel praktischer, als mein alter Walkman. Renate lässt auch vor dem Urlaubsbeginn genügend Hörbücher direkt an unsere Urlaubsadresse schicken. Ich habe gestaunt, wie gut es sogar in Österreich und Spanien mit der dortigen Post geklappt hat. Was hätte ich wohl tun können, wenn mir die Westdeutsche Blindenbücherei nicht geholfen hätte. Ich schreibe heute diese Zeilen mit einem großen Dankeschön an die Helfer dieses Hauses. Gerne spenden wir regelmäßig einen angemessenen Betrag, um die Arbeit zu unterstützen.

SCHWIERIGKEITEN IM ÖFFENTLICHEN VERKEHR

Gregor hat inzwischen einen Behinderten-Ausweis von 80%. Seit seiner Erkrankung haben wir die Erlaubnis, dass eine Begleitperson kostenlos mitfahren kann. Das ist natürlich sehr gut, und wir nutzen es auch. Gregor könnte auch heute noch keinesfalls alleine Reisen unternehmen. Auf keinem fremden Bahnhof würde er sich zurechtfinden. Doch von Anfang an, haben wir so viel geübt, dass ihm einige Fahrten mit Bus und Bahn bekannt sind und er sie allein machen kann. Ich bin jetzt auch nicht mehr so unruhig wie am Anfang, denn auch bei unverhofften Zwischenfällen, die man ja niemals einüben kann, hat er gelernt, sich Hilfe zu holen. Nach so einer überstandenen schwierigen Lage kann er mit Recht sehr stolz sein.

Es war an einem Septembertag, als ich am Morgen mit meinem Fahrrad zum Bus, mit dem Bus nach Winsen, dann mit dem Regionalzug nach Hamburg und schließlich mit der U-Bahn zu meiner früheren Dienststelle fuhr. Dort treffen wir vier oder fünf Pensionäre uns zu einem Doppelkopfspiel. Am Nachmittag wollte ich noch ein kleines Geschenk zu unseren Kindern bringen. So fuhr ich mit der U-Bahn bis Hamburg Ohlsdorf, dann mit der S-Bahn nach Hamburg-Poppenbüttel, stieg in den Bus, um zu unseren Kindern nach Sasel zu kommen. Ich konnte nicht lange dort bleiben, denn es war schon spät. Den letzten Bus musste ich haben.

Beide Enkelkinder liefen mit mir zur Bushaltestelle. Aber leider, der Bus war schon weg. „Komm mit“, sagte mein Sohn, „wir fahren dich gleich zu S-Bahn Poppenbüttel“. Das klappte und ich erreichte sogar noch den Regionalzug. Das hört sich alles noch gut an. Aber leider war meine Heimreise noch nicht beendet. Die Bahn- und Busverbindungen in unserer Kreisstadt Winsen/Luhe sind gut abgesprochen. Der Bus wartet normalerweise etwa sechs Minuten, nach der Einfahrt der Regionalbahn. An diesem Tag hatte der Zug aber Verspätung. Mir war bekannt, der letzte Bus würde um 20.20 Uhr nach Toppenstedt fahren. Ich eilte noch durch das Bahnhofsgebäude, aber leider, der letzte Bus des Tages war abgefahren. Ich wurde jetzt nervös. Mir fehlte plötzlich das klare Denken. Was sollte ich machen? Ich muss doch nach Hause. Mir hilft ja keiner! Ich dachte, den Weg kenne ich, und die 16 km auf der Straße von Winsen nach Toppenstedt werde ich zu fuß noch schaffen. Ohne weiter zu überlegen ging ich im raschen Schritt los. Aber schon nach den nächsten zwei Dörfern wurde es dunkel. Ich versuchte noch schneller zu gehen. Aber dann blieb ich stehen. Es wurde mir zu gefährlich. Der größte Teil dieser Kreisstraße hatte keinen Rad- oder Fußweg. Ich versuchte einen Autofahrer anzuhalten. Mich, als alten Mann in guter, seriöser Kleidung wird man doch mitnehmen, so dachte ich. Mit dem Daumen gab ich ein Zeichen. Nichts! Es wurde dunkler und dunkler. Sie sahen mich alle und fuhren vorbei. Die vielen Autofahrer nahmen mich nicht wahr. Ich wurde immer verzweifelter. Dann aber bremste ein Auto, eine so genannte „Ente“. Ein junger Mann in salopper Kleidung fragte, ob er helfen könne. Ich erklärte ihm alles. Ich hatte Angst, dass er mich vielleicht für betrunken hält: „Ich bin Aphasiker und kann mich nicht gut ausdrücken. Wenn Sie mich nach Toppenstedt fahren könnten, zahle ich Ihnen natürlich den Preis“. „Ach, die paar Kilometer Umweg mache ich gerne. Heute habe ich sowieso noch kein gutes Werk getan. Das kostet für Sie nichts.“ Er nahm mich mit, fuhr direkt vor unser Haus, winkte freundlich und fuhr wieder los. Dieser junge Autofahrer kam mir vor, wie der Barmherzige Samariter. Mit meiner Frau habe ich noch lange über dieses Erlebnis gesprochen. Natürlich hatte sie schon in Sorge auf mich gewartet und hätte mich sofort mit dem Auto abgeholt. In meiner Panik hatte ich alles vergessen. Am Bahnhof hätte ich mir ein Taxi nehmen können. In meiner Tasche habe ich immer alle wichtigen Adressen und Telefonnummern. Jeder hätte für mich telefoniert, wenn ich gefragt hätte. Hoffentlich komme ich nicht bei einer anderen Gelegenheit wieder in so eine Panik.

Heute ist für Gregor sein Fahrrad sehr wichtig. Er macht damit alle kleinen Besorgungen im Dorf. Bei Wind und Wetter fährt er damit zur Bushaltestelle. Die Leute kennen ihn alle und grüßen freundlich. Allerdings ärgert er sich auch oft über die vorbeifahrenden Autofahrer, besonders, wenn sie ihn nass spritzen. Dann kommt er schimpfend nach Hause und möchte am liebsten eine Verordnung herausgeben, dass das Autofahren drastisch für alle eingeschränkt würde und alle Leute wieder mehr mit dem Fahrrad fahren würden oder zu fuß gingen. Auf das Autofahren zu verzichten, verletzt wohl in jedem Mann das Selbstwertgefühl. So habe ich noch heute drunter zu leiden, wenn er als Mitfahrer immer wieder in mein Fahrverhalten eingreifen möchte. Es hat lange gedauert, bis ich gelernt habe, mich davon unabhängig zu machen.

Vernünftigerweise fahren wir jetzt nicht mehr mit dem Auto in den Urlaub sondern mit der Bahn. Für uns beide ist es bequemer und ungefährlicher. Und natürlich benutzen wir oft zusammen die öffentlichen Verkehrsmittel, zumal ich als Begleitperson nicht zahlen muss.

GLÜCK IM UNGLÜCK

Leider muss ich zugeben, dass ich mich in fremder Umgebung immer sehr unsicher fühle. Früher war ich nicht so. Es fällt mir schwer, die vielen neuen Einzelheiten zu übersehen. Darum fahren wir seit meiner Erkrankung im Urlaub eigentlich immer in die gleichen bekannten Unterkünfte.

Doch einmal wollten wir gerne in den Harz. In dem neuen Zimmer passierte dann das Unglück: Als ich in der Nacht aufwachte und von der Toilette zurückkam, setzte ich mich so unglücklich auf das ungewohnt niedrige Bett, dass ich seitlich auf den Boden fiel. Dabei verletzte ich mir die Hüfte so stark, dass ich bald danach eine neue Hüfte bekommen sollte.

So eine Operation ist im Allgemeinen nicht gefährlich, sagte ich mir. Das Problem war und ist für mich die Geräuschempfindlichkeit. Ich bekam richtig Angst, ins Krankenhaus zu gehen. Wie sollte ich die vielen unterschiedlichen Geräusche ertragen? Vermutlich würde es ein Drei- oder sogar Vierbettzimmer geben. Nein, das würde ich nicht aushalten. „Einen Weg werden wir schon finden“, meinte Renate.

Bei der Voruntersuchung erläuterte ich gleich mein Problem. Dem Oberarzt war diese Hyperakusis bei Aphasikern und anderen Patienten bekannt. Er überlegte, und dann gab man mir ein kleines, ganz einfaches Einzel-Zimmerchen. Ach, wie war ich da erleichtert und sehr dankbar. Wegen der anschließenden Rehabilitation bat meine Frau frühzeitig in der mir bekannten Waldklinik Jesteburg auch um ein Einzelzimmer. Auch das wurde mir gewährt. Gott sei Dank! Wenn im großen Aufenthaltsraum mehrere Patienten sich unterhielten, entfernte ich mich schnell. In meinem „heiligen“ Zimmer war ich wieder sicher. Die Einsamkeit macht mir nichts aus. Ich machte das Beste aus dieser Situation: Ich ordnete Briefmarken oder ich übte mich darin, kleine Briefe an Verwandte und Freunde zu schreiben. Natürlich konnte ich schon bald die mir bekannten Waldwege langsam gehen und auch das Schwimmbad benutzen .Unter diesen günstigen Umständen erholte ich mich sehr schnell. Ich hatte wieder mal Glück im Unglück gehabt.

Allerdings haben alle mit unter meiner Geräuschempfindlichkeit zu leiden. Das weiß ich, und ich finde das schlimm. Ich kann nicht an der kleinsten Geburtstagsfeier richtig teilnehmen. Immer brauche ich eine Extrazeit, einen Extraraum. Gerne würde ich mich an der gemeinsamen Unterhaltung beteiligen. Es geht nicht. Renate hat am Anfang feierliche Einladungen im Freundes- und Verwandtenkreis abgesagt. Immer wieder habe ich gesagt, sie möge die Einladungen ruhig annehmen. Heute hat sie sich damit abgefunden und macht die gewünschten Besuche alleine, ohne mich. Ich sage: „Fahre doch da oder dort hin!“ Aber was ich in Wahrheit denke, das vermag ich nicht auszusprechen.

Ich musste es langsam lernen, mit Gregors Behinderungen zu leben. Inzwischen habe ich mir viele Erleichterungen und auch Vorsichtsmaßnahmen angeeignet. So habe ich z. B. für das Kofferpacken Checklisten gespeichert, damit ich nicht nervös werde und nichts vergesse. Auf Reisen nehmen wir jetzt immer eine kleine Leuchte und einen Bewegungsmelder mit, damit Gregor sich nachts orientieren kann. Wenn wir irgendwo in einer fremden Umgebung ankommen, kann ich Gregor seine Unsicherheit sehr schnell nehmen, wenn ich gleich seine persönlichen Dinge in möglichst gewohnter Ordnung platziere: Seife, Handtuch Zahnputzzeug, Rasierapparat, Hausschuhe, Wecker, CD-Spieler und seine Umhängetasche. Für mich sind das nur Kleinigkeiten, aber für ihn ist es ganz wichtig, dass immer alles seinen Platz hat. Darum kann Gregor z. B. nur dann eigenständig das Frühstück oder Abendbrot bereiten, wenn in unserem Haus alle Sachen ganz genau auf dem gleichen Platz zu finden sind. Jede Veränderung irritiert ihn und macht ihn unsicher. Das gilt für alles andere in unserem Leben gleichermaßen. Es gab Zeiten, da wollte ich das ändern, wollte spontaner und freier leben, wollte meine eigene Ordnung einführen. Doch man kann so eine ausgeprägte Struktur in einem älteren Menschen nicht umändern.
Ich erfahre ja auch andererseits wie praktisch die Ordnungsliebe ist und dass Gregors Zuverlässigkeit mich sehr beruhigt.
Wichtig ist es, dass ich außergewöhnliche Vorhaben früh genug auf unserem Kalender einzeichne, so dass sie auch für Gregor vorauszusehen sind. Dann habe ich Glück, denn dann werden auch diese kommenden Ereignisse unumstößlich für ihn.

Und was die Geräuschempfindlichkeit angeht, haben wir in diesen Tagen einen neuen Schritt gewagt: Gregor wird einen so genannten Noiser oder Masker bekommen. Das speziell angepasste kleine Gerät ähnelt einem Hörgerät und erzeugt individuell regulierbare Geräusche. Mit Hilfe dieser Technik soll das Gehirn lernen, unwichtige Geräusche auszublenden. Dieser Prozess kann aber bis zu einem Jahr dauern.

VIELES IST MÖGLICH UND EINIGES NICHT

(Patricias Gedanken)

Die Angst, einen wunderbaren Menschen zu verlieren, war vor elf Jahren das allererste große Gefühl. Nach der Erleichterung kam dann die Sorge, mein Schwiegervater würde nie wieder der Alte werden.

Ich hatte ihn erlebt als einen Menschen mit vielfältigen Eigenschaften: großzügig, gütig, diszipliniert, zielstrebig, pragmatisch, sportlich, stur, ungeduldig bis intolerant, wenn etwas von seinen Vorstellungen abwich, warmherzig, bestimmt, konsequent und, wie auch mein eigener Vater, absolut verlässlich und hilfsbereit. Ein Mann mit Prinzipien, klaren Vorstellungen und einem unerschütterlichen Gottvertrauen.

Für unsere Kinder, war er ein wunderbarer Opa. Gemeinsam mit Renate widmete Gregor sich Lilith und Vincent liebevoll und mit viel Phantasie, war mit seinen Enkelkindern umsichtig, verständnisvoll und um vieles nachsichtiger, als mit den eigenen Kindern, als sie klein waren, so Matthias. Ein echter Opa eben. Indianerhöhlen bauen, Frühgymnastik im Freien und mit ganz einfachen Mitteln Spaß haben, Pferde füttern und die Natur einfach als Geschenk Gottes erleben, diese Werte haben unsere Kinder nicht zuletzt durch ihn verinnerlichen dürfen.

1999 dann der Einschnitt.

Unser erster Besuch in der Waldklinik Jesteburg machte deutlich, dass die Kinder, damals fünf und acht Jahre alt, von nun ab nicht mehr einfach drauf losreden konnten und vor jedem an Opa gerichteten Satz erst in direkten Blickkontakt gehen mussten, um dann langsam und artikuliert zu erzählen. Ungewohnt, anstrengend und fern ab jeder Spontaneität, aber dennoch war es für die Kinder nicht bedrohlich oder traurig. Opa blieb Opa.

Anders für uns Erwachsene. Da ist sichtbar gewesen die Qual, die es meinem Schwiegervater bereitete, seine Gedanken nicht verbalisieren zu können, spürbar die Traurigkeit, unentwegt missverstanden zu werden, die Ungeduld, wie langsam manche Dinge sich bewegen, der Unmut uns „Gesunden“ gegenüber, die Suche nach der alten und einer neuen Identität.

Wir sahen die eiserne Disziplin, den Mut alles neu zu lernen, die erst zu erwerbende Fähigkeit Hilfe annehmen zu müssen. All das ist schwer, schwierig, anstrengend und manchmal auch bitter mit ansehen zu müssen. Es stellt sich die Frage nach dem Warum und es stellt sich die Frage nach dem richtigen Umgang. Wann und wo und wie lange ist Rücksichtnahme hilfreich, wie hilft man wirklich, und wo bleibt man selbst mit seinen Bedürfnissen?

Die Jahre haben dann gezeigt, dass vieles möglich ist und einiges nicht. Zu allererst und immer wieder mussten die Kinder und wir akzeptieren, dass Opa künftig auf größeren Gesellschaften nicht, oder nur eingeschränkt, mit von der Partie sein würde. Feiern bei uns umschiffen wir insofern, dass Renate und Gregor immer mindestens eine Stunde vor den anderen Gästen kommen. Wir versuchen dann immer alles komplett fertig zu haben, weil schon das Geräusch des Wasserkochers in Kombination mit einem Klingeln des Telefons oder der Tür bei Opa Gregor Verwirrung und anschließendes Kopfweh entstehen lassen. Und dann ist es meist schnell vorbei mit guter Stimmung. Dann ist häufig sofortige Abfahrt dran, auch wenn Renates oder unsere Bedürfnisse noch nicht abgedeckt sind. Spontane Gefühlsäußerungen wie Lachen oder die Stimme erheben sind in seiner Gegenwart nur sehr bedingt möglich.

Diese Einschränkungen sind jedoch nichts zu dem Geschenk, Gregor weiterhin als wunderbaren Schwiegervater und Opa erleben und genießen zu dürfen.

Dank seiner starker Willenskraft und Disziplin, dank Renates Geduld und ihren unermüdlichen Bemühungen, die richtigen und besten Therapien und Umgänge zu finden, hat sich für uns etwas offenbaren dürfen: Mut, Liebe, Beharrlichkeit und Wille können gemeinsam große Veränderungen bewirken.

Nein, mit meinem Schwiegervater ist es nicht mehr genauso wie vorher. Der Umgang mit ihm ist auch nicht immer leicht, aber für mich hat die gefühlsmäßige Intensität der Beziehung niemals nachgelassen. Ich empfinde große Dankbarkeit gegenüber ihm, dass er sich nicht aufgegeben hat, dass er gekämpft hat um sein Leben als Aphasiker.

DER BLUTENDE FINGER

Es war im März 2006. Renate war zu einer längeren Besprechung in das 10 km entfernte Nachbardorf gefahren. Ich hatte nicht weiter gefragt, wo diese Besprechung sei. Es interessierte mich nicht, denn ich hatte für diesen Tag viel vor. Jetzt war es Zeit, die alten beschädigten Nistkästen zu reparieren. Alles, was ich benötigte, war in meiner Werkstatt zu finden. An einem der Bretter begann ich den alten Rest abzustemmen. Dann geschah der Unfall: Das Brett rutschte zur Seite, und das scharfe Stemmeisen hatte mit Wucht gegen meine linke Hand gestoßen. Sofort blutete meine Hand. Es tat gar nicht so sehr weh, aber das Blut tropfte und tropfte. Ich wurde davon ganz nervös. Was soll ich bloß machen? Mit schnellen Schritten ging ich nach oben in die Wohnung. Das Blut tropfte auf die Fliesen der Treppe. Es sah fürchterlich aus. Es tropfte auf die Fliesen in der Küche. Womit soll ich das Blut stoppen? Ein Lappen! Ein Lappen! Ich griff das erste beste Staubtuch aus dem Putzschrank. Damit verband ich die blutende Wunde. Mir wurde bewusst, dass ich ein völlig sauberes Tuch oder besser noch Verbandszeug nehmen sollte, aber in meiner Nervosität konnte ich es nicht besser. Ich wollte Hilfe rufen, jemanden anrufen. In unserem Telefonbuch hatte Renate die Nummer vom Ambulanten Pflegedienst „Lichtblick“ ganz groß in den Umschlag geschrieben. Die Schwestern kenne ich, weil sie mich versorgt hatten, während Renate verreist war. Die Schwester hörte mich ruhig an und gab mir die Tel. Nummer vom Notarzt. Ich war ganz zitterig, als ich mit dem Notarzt sprach und meinen Unfall schilderte. Der Arzt sagte, dass er an erster Stelle zu einem anderen Kranken fahren müsse, und ich solle doch einen hilfsbereiten Nachbarn holen, es würde doch jemand zu finden sein. Zwischenzeitlich hatte ich das Staubtuch fester um den Finger gedrückt. Es tropfte kein Blut mehr. Doch es ließ mir keine Ruhe, ich versuchte Renate zu erreichen. Beim Blättern im Telefonbuch fiel mir der Name einer guten Bekannten auf. Die war zu erreichen und wusste auch, wo Renate zu benachrichtigen wäre. Es dauerte keine zwanzig Minuten und mein eigener „Notarzt-Engel“ war bei mir. Nun war wieder alles wieder gut.

Obwohl ich so viel trainiert habe und immer noch lerne, kommt es heute noch vor, dass mir beim Sprechen die richtigen Wörter einfach nicht einfallen oder ich ein falsches Wort ausspreche und es überhaupt nicht merke. Dadurch gibt es kleine Gelegenheiten zum Lachen aber manchmal entstehen Irrtümer und Schwierigkeiten. Ich will das an zwei Beispielen erklären:
An einem Sonntag erhielten wir Verwandtenbesuch. Um der lebhaften Unterhaltung zu entgehen, wollte ich dem kleinen Blasius die Pferde in unserer Umgebung zeigen. Einige geschnittene Äpfel hatte ich vorsorglich in der Tasche. Die Pferde kannte ich gut. Sie kamen zutraulich heran, ich fütterte sie, und der Junge durfte sie streicheln. Als wir wieder zu hause waren, sagte ich zu Blasius: „ Komm, ehe wir essen, wollen wir uns die Füße waschen." Der Junge war sehr erstaunt. „Onkel, die Füße?" Natürlich, jetzt merkte ich es auch, dass ich Füße und Hände verwechselt hatte. Wir lachten alle.
Im Herbst 2008 waren wir gerade von einer Urlaubsreise zurückgekehrt, und ich hatte mich zum ersten Mal wieder auf den Weg zu unseren Kindern nach Hamburg-Sasel aufgemacht. Ich fühlte mich zufrieden, hörte in der Bahn ein gutes Hörbuch und fuhr die bekannte Strecke. Wie üblich verkehrten am S-Bahnhof Poppenbüttel sehr viele Busse. Früher kannte ich die Nummer des Busses, den ich zu nehmen hatte. Aber an diesem Tag war mir die Busnummer ganz entfallen. Es fielen mir weder der Stadtteilname „Sasel", noch die Haltestelle „Schönsberg" ein. Da stand ich nun und wusste nichts mehr. Dummerweise erinnerte ich mich auch nicht daran, dass Renate mir ja längst alle diese wichtigen Angaben in meiner Ausweismappe deutlich notiert hatte. Je mehr ich nachgrübelte, umso weniger fiel mir ein. Aber ich geriet nicht in Panik. Beim nächsten Bus dachte ich, dies könnte eventuell die richtige Nummer sein. Sicher war ich nicht. Als der Bus anhielt, ging ich zum Fahrer und sagte: „ Entschuldigen Sie, ich hatte Gehirnbluten und kann kaum lesen. Heute will ich zu meinen Kindern fahren, aber wie verhext fällt mir nicht der Straßenname und auch nicht der Stadtteil ein." Ich fühlte, wie ich rot im Gesicht wurde. Aber ich kam immer noch nicht in Panik. Der Bus

war voll besetzt. Trotzdem sagte der Busfahrer: „Beruhigen Sie sich. Wir werden das schon hinkriegen!“ Ich nahm vorne Platz, und wir fuhren los. Vor der großen Kreuzung fragte mich der Fahrer: „Na, geht Ihre Reise jetzt nach rechts oder nach links?“ Ich kannte die Strecke natürlich ganz genau und sagte: „Nach rechts.“ Der Bus fuhr weiter und schon bald vor der nächsten Kreuzung fragte mich der Fahrer wieder: „Rechts oder links?“ Ich rief: „Links, bitte!“ Und bei der nächsten Gelegenheit sagte ich zum Busfahrer: „Jetzt bitte wieder nach links!“ Dann meinte dieser freundliche Busfahrer: „Na ja, dahin wollen wir alle ja auch.“ Und ich bat ihn, bei der nächsten Station bitte anzuhalten. „Das ist die Station „Schönsberg“, erklärte er. Ja, da wusste ich das Wort auch wieder. Als der Bus hielt, klatschten einige Fahrgäste, und ich bedankte mich bei dem so hilfsbereiten, freundlichen Busfahrer einer Großstadt.

OPA GREGOR BLEIBT OPA GREGOR

(Lilith Bergmann, 18 Jahre)

Wie schön war es, als kleines Kind zu Besuch bei Oma Renate und Opa Gregor in Toppenstedt zu sein! Wir waren zusammen in der Indianergrube und haben Tippis aus Regenjacken gebaut, sind in der Sandkuhle die Hänge hinunter gerutscht, haben Pfannkuchengesichter gebacken, Pferdebekanntschaften geschlossen, Rehe vom Hochstand aus beobachtet, Fahrradtouren gemacht, gestickt und gewerkt, Bauernhöfe gebaut und belebt, viel und lustig in der blauen Wassermuschel geplanscht und zu guter Letzt gesungen und musiziert.

Nachdem Opa Gregor den Hirnschlag überlebt hatte und soweit genesen war, dass er wieder zu Hause sein konnte, veränderten sich aber unsere Besuche in Toppenstedt etwas. Uns Kindern wurde erklärt, was im Kopf von Opa passiert war und es wurde uns verständlich gemacht, dass wir nun besonders viel Rücksicht nehmen müssten. Denn was Opa früher noch ganz leicht gefallen war, war nun schwer und was er früher ohne Mühe ertragen hatte, war nun unerträglich für ihn geworden. Natürlich war es schade für uns Kinder, dass Opa nicht mehr so fit und belastbar war. Es war nicht immer leicht, daran zu denken, ihn nicht zu überfordern, nicht zu sehr zu belasten, nicht zu viel zu erwarten und nicht zu laut zu sein. Aber auch wir Kinder wussten: Jedem Menschen kann etwas Unerwartetes passieren, das seinem Leben eine ganz andere Wendung gibt, das sein Leben erschwert und Konflikte mit sich bringt. So war auch völlig klar, dass wir uns, wie auch Opa es tat, an die neuen Umstände gewöhnen lernen, sie annehmen und mit ihnen umgehen mussten. Und wir wollten es auch.

Opa Gregor ist heute genau so mein Opa wie er es früher war. Daran hat sich nie etwas geändert und daran wird sich auch nie etwas ändern. Er ist ein ganz normaler Angehöriger unserer Familie, er gehört dazu, er ist da. Ganz selbstverständlich tat Opas neue Einschränkung dem Kontakt zwischen uns, der Zuneigung, der Fürsorge und der Liebe keinen Abbruch. Neue Wege wurden gefunden, neue Umgänge erprobt. Nun kamen die Toppenstedter z.B. eben eine Stunde früher zur Geburtstagsfeier, um den Haupttrubel zu vermeiden.

Jede und jeder arrangierte sich mit der Situation. Weder sind nun Gedanken und Gefühle da, die Opa Gregor Schuld an der veränderten Situation geben, noch welche, die ihn als minderwertig oder in seiner Position gesunken betrachten.

Der Gedanke, es könne nicht natürlich sein, einem Familienmitglied, das einen Unfall erleidet hat, alle Türen zu öffnen, um weiter wie bisher am Familienleben teilhaben zu können, ist für mich nicht nachvollziehbar. Doch das liegt nicht (allein) an meiner Person, auch nicht an Opa. Das Umfeld, in welchem ich groß geworden bin, hat mich wesentlich zu dem gemacht, was ich heute bin. Ich habe mitbekommen, dass Respekt und Verständnis für den anderen Menschen sehr wichtig sind, ich habe Liebe erfahren und kann lieben.

Damals war es für mich undenkbar, dass sich zwischen Opa Gregor und uns durch seine Krankheit etwas Besonderes ändern würde. Ein bisschen hat sich natürlich geändert, denn durch einen Schicksalsschlag eröffnen sich auch neue Zugänge zu und Umgänge mit einem Menschen. Doch haben diese Veränderungen keine Kälte, Abstand oder Abneigung hervorgerufen.

Heute weiß ich, dass es in vielen Familien anders aussieht als bei uns. Da kann der liebe Opa zum nervigen empfindlichen Alten

werden, der geliebte Ehemann zum ständig gereizten Märtyrer, der freundliche Verwandte zum dummen Behinderten. Das sind harte Worte, aber so kann es wirklich passieren. Wir können uns glücklich schätzen, dass durch Opas Krankheit keine Ehe zerbrochen und keine Familie kaputt gegangen ist.
Bei uns war auch nicht immer alles einfach, aber alle haben an den Schwierigkeiten gearbeitet und sich bemüht. Jede/r wusste, dass Opa nach dem Hirnschlag eine schwierige Zeit bevorstehen würde. Und wir wissen heute, dass Beistand von Seiten der Familie und von engen Freunden sehr wichtig war und ist. Wer könnte einem Aphasiker besser bei der Wortfindung helfen, als jene Menschen, die seine Geschichte kennen, mit ihm gemeinsam gelebt und Erfahrungen geteilt haben?
Opa bleibt Opa, was auch passiert. Opa Gregor hat seinen Platz bei uns am Tisch genau so behalten wie in unseren Herzen. Und diese Plätze sind ihm, so kann ich es von mir aus sagen, auch immer sicher.

„BITTE, KÖNNEN SIE MIR HELFEN?“

Vor längerer Zeit war in Norddeutschland wieder einmal ein kräftiger Sturm. „Das stört mich nicht“, sagte ich zu meiner Frau, „Unser vierteljähriges Herrenessen mit den drei Freunden werde ich doch nicht ausfallen lassen!“ Passend ausgerüstet fuhr ich mit Bus und Bahn nach Hamburg, wo einer dieser Männer sein Häuschen am Stadtrand hat. Nach dem guten Essen und dem ausgiebigen Gespräch aus alten Zeiten, machte ich mich wieder auf den Heimweg. Es war 17.00 Uhr, die Hauptreisezeit. Der Regionalzug war überfüllt, und die Leute unterhielten sich über den starken Sturm, der sich wohl zu einem Orkan ausweiten würde. Schon nach ¼ Stunde hielt der Zug auf offener Strecke. Über Lautsprechern wurde bekannt gegeben, dass auf der Strecke ein Baum auf die Schiene gefallen sei. Wie lange die Räumung dauern würde, sei noch nicht abzusehen. Nun nahmen viele Fahrgäste ihr Handy und riefen zu Hause an, um Bescheid zu geben. Ich wusste natürlich, dass mein Bus weggefahren war, und dass Renate sich Sorgen machen würde.
Nur nicht nervös werden, dachte ich. Nur keine Panik!

Etwa nach ½ Stunde war die Strecke wieder frei, und die Fahrt wurde fortgesetzt. Bei mehreren Reisenden wurde nochmals das Handy benutzt, um im Haus anzurufen. Ich hatte ja auch unsere Telefonnummer in meiner Tasche. Eine Dame, die neben mir saß, hatte gerade ihr Gerät benutzt. Ich sprach sie an und bat, ob sie kurz bei meiner Frau anrufen könne. „Selbstverständlich", sagte die Dame freundlich. Anschließend kamen wir ins Gespräch. Ich stellte mich vor und sagte, dass ich Aphasiker sei und seit meiner Krankheit nicht mehr lesen kann. Beim Bahnhofsausgang wollte ich mich verabschieden. Meine Frau würde etwa 15 Minuten benötigen, um hier am Bahnhof zu sein. „Ich will auch auf meinen Mann warten", sagte die Dame. Es dauerte nicht lange, da kam der Ehemann mit seinem Wagen. Beide bestanden darauf, bei mir zu bleiben, bis Renate mit dem Auto angekommen wäre. Als sie kam, waren wir in lebhafte Unterhaltung vertieft und verabschiedeten uns freundlich.
Uns ist von den Therapeuten immer gesagt worden, dass wir mutig unser Anliegen auch bei fremden Menschen nennen sollten. In den ersten zwei Jahren fehlte mir der Mut, Fremde anzusprechen. In der Zwischenzeit habe ich schon so viele hilfsbereite Menschen getroffen. Problemlos sage ich meinen Wunsch, auch wenn es manchmal nicht das richtige Wort ist.
Bewusst erkläre ich, dass ich wegen des Gehirnblutens nicht gut sprechen kann. Sonst könnte man meinen, ich wäre betrunken.
Ich weiß, ich muss immer den ersten Schritt tun, denn mir sieht ja niemand die Behinderung von außen an. Einem Rollstuhlfahrer z. B. wird man schneller helfen.
So erlebe ich in der U- oder S-Bahn, dass Schulkinder zusteigen und sehr laut miteinander sprechen. Wenn dann bei mir die Kopfschmerzen beginnen, gehe ich zu ihnen. Ich erzähle von meinem Gehirnbluten, dass ich seitdem nicht mehr fließend sprechen kann und bei ihrem lauten Reden starke Schmerzen im Kopf habe. Die Kinder verstehen mich immer. Wenn sie dann leise werden, bedanke ich mich bei ihnen. Meine Mutter hat immer gesagt: „Mit dem Hute in der Hand kommt man durch das ganze Land!" Ja, auch als Behinderter ist es sehr sinnvoll, immer den höflichen Weg zu wählen, und an das Gute im Menschen zu glauben.

In den folgenden Jahren habe ich mich selbstverständlich immer weiter bemüht, zu lesen, zu schreiben und schneller zu reagieren. Auf Anraten vom Therapeuten Herrn Barm, Jesteburg, kauften wir uns einen Computer, um darauf das Programm „Cogpack" nutzen zu können. Damit kann ich auf vielerlei Weise mein krankes Gehirn mobilisieren. Zuerst musste ich lernen, mit der „Maus" umzugehen. Dann galt es, z.B. unter dem Titel „Sterntaler", langsam oder schneller fallende Sterne auszulöschen. Ich übte auch an dem Bild einer Uhr, die Zeit abzulesen. Schwierig war es, den Kompass abzulesen. Wenn das Bild verdreht war, musste ich etwa suchen, wo die Richtung nach West-Süd-West zeigen würde. Am liebsten übte ich im Bereich Geographie. Da suchte und nannte ich die Bundesstaaten der USA mit den jeweiligen Hauptstädten oder die Europäischen Länder, die Städte, die Flüsse. Das sind aber nur wenige Beispiele.

Auf die so genannte „Faule Haut" habe ich mich nicht gelegt. Schon bald versuchte ich wieder mehr zu schreiben. Am Anfang waren es die Geburtstagskarten. Wie üblich kauften wir zum Neuen Jahr einen übersichtlichen Kalender. Da habe ich die Aufgabe übernommen, alle Geburtstage zu übertragen. Ich musste gut aufpassen. Beim Schreiben mache ich es noch heute so, dass ich sorgfältig vorschreibe, und Renate liest den Text und zeigt mir eventuelle Fehler. Danach schreibe ich den Glückwunsch auf eine passende Karte. Klar, das geht immer sehr, sehr langsam, denn es darf ja auch nie ein Allerweltsglückwunsch sein. Ich muss nachdenken und etwas Sinnvolles und Passendes für jede einzelne Person finden. Renate sagt: In der Kürze liegt die Würze! Aber leider gelingt mir gerade das nicht. Oft werden die Texte länger und länger, und schließlich werden es Briefe. Ja, um mich mehr und mehr im Schreiben zu üben, habe ich schon mehrere lange Briefe geschrieben mit unterschiedlichen Themen: Meine Beobachtung bei meinem Morgenlauf, Gedanken über die Zeit, Unser Urlaub mit Mona, und Ähnliches. Ich sagte mir, das waren wieder Tage der Therapie, und trotzdem macht mir das Schreiben ja auch Freude. Meine Ärztin lobt mich und möchte alles gerne lesen, und Freunde rufen an und bedanken sich.

Im Frühjahr 2005 kam mir sogar der Mut, ein Buch zu schreiben über meine Kindheit und die Flucht. Mit Hilfe meiner Frau waren wir noch einmal in meine ostpreußische Heimat gefahren. Dann wählten wir den Fluchtweg, den ich als Kind mit meiner Familie über das Haff machen musste. Ich erinnerte mich an alles. Auch nach Dänemark fuhren wir und ich besuchte die Überreste der Internierungslager, in denen wir 2 ½ Jahre eingesperrt gelebt hatten. Es war eine große Herausforderung, alle meine Erinnerungen schriftlich auszudrücken. Seite um Seite habe ich langsam geschrieben. Mühsam versuchte ich, meine eigene Schrift zu entziffern und mit Hilfe meiner Frau alles in eine brauchbare Form zu bringen. War es Geduld? War es mein Durchhaltevermögen? War es die Verantwortung, diese Erlebnisse den Enkelkindern mitzuteilen? War es vor allem das Verständnis und die Hilfe meiner Frau? Es war wohl alles zusammen, wodurch schließlich mein Buch „Mit Kopf und Herz – Mein weiter Weg ins Leben“ gedruckt und verkauft werden konnte.

MEINE EINSAME BERGWANDERUNG UND DIE PLANWAGENFAHRT

Bis zu meiner Krankheit war ich Mitglied im Deutschen Alpenverein. Kameradschaftlich habe ich viele schöne Hochgebirgstouren gemacht. Auch mit meiner Frau bin ich oft in den Bergen gewandert. „Hörst du das Lied der Berge? Die Berge sie rufen dich...“ Es war wieder so weit. Natürlich bin ich früher immer mit dem Auto in die Ferien gefahren. Nein, jetzt ging es angenehm mit der Bundesbahn. Es ging nach Leutasch in Tirol. Wir wanderten jeden Tag recht gemütlich, denn wir waren ja schließlich auch ältere Leute. Aber ich wollte gerne noch etwas höher steigen. Ich kannte ja die Wege alle noch von früher. Meinen guten Orientierungssinn hatte ich noch. Auch die Karte konnte ich langsam lesen. Und so kam es, dass ich im Frühjahr 2004 wieder eine kleine Bergwanderung ganz allein machte. Meine Frau hatte natürlich Angst. Sie gab mir ein Handy für den Notfall mit und erklärte mir die Bedienung. Ich hatte überhaupt keine Bedenken. Ich gab meiner Frau einen Kuss zum Abschied und wanderte glücklich los. Für mich war es ein Genuss, als ich nach zwei Stunden die ersten Gämsen sah Es dauerte auch nicht lange, als die Murmeltiere pfeifend in ihre Löcher rannten. Bei klarem, sonnigen Himmel die Bergwelt zu erleben, ach ja, wie hatte mir das gefehlt. Gegen Mittag legte ich mich windgeschützt an eine Wand und genoss mein Mittagsmahl. Wie versprochen, habe ich mich per Handy auch bei meiner Frau gemeldet und ihr gesagt, wo ich mich befinde. Ich fühlte, dass ich wieder viel Kraft in mir habe, und dass ich mich auf meinen Körper verlassen konnte. Ohne Probleme kam ich gegen 16 Uhr wieder zurück Glücklich tranken wir zusammen in der Abendsonne ein Glas Rotwein auf dem Balkon.

Wir haben immer wieder kleinere und größere Reisen gewagt. Nein, wir haben es nicht aufgegeben. Natürlich war nach meiner Erkrankung alles anders geworden als früher, aber es ging trotzdem. Auf manches mussten wir verzichten, weil es für mich zu laut oder zu umständlich war. Wir sind immer wieder auf neue Ideen gekommen.

Eine unserer besten Ideen war die Planwagenfahrt, die meine Frau mir zum 75. Geburtstag schenkte. Sie meinte: „Du bist doch ein Pferdeliebhaber und kannst mit Pferden umgehen."

Im Herbst 2007 übernahmen wir mitten im Naturschutzgebiet der Mark-Brandenburg einen großen Planwagen und unsere Mona, ein ruhiges, kluges Pferd. Man gab uns eine genaue Wegbeschreibung mit festen Weideplätzen für das Tier. Schlafen und kochen konnten wir im Planwagen. Man zeigte uns, wie man ein- und ausschirren musste. Wir passten beide gut auf. Uns fehlte nichts. Wie ein Zigeunerbaron saß ich vorn, zog an und lenkte die willige Mona auf den einsamen Wegen. Meine Frau war für die Verpflegung zuständig. Das bewusst langsame Gefahrenwerden, war für uns wieder ein ganz neues Erlebnis. Mir geht ja heute sowieso alles viel zu schnell. Diese Stille im Naturschutzgebiet war für meinen Kopf ein Labsal. Auch Monas Hufschlag war auf dem sandigen Boden kaum zu hören. Es war wunderbar, an den menschenleeren Seen anzuhalten und das Tier grasen zu lassen. In den Nächten sahen wir über uns die Baumwipfel und die Sterne, während Mona sicher und zufrieden auf dem Weideplatz stand. Gewiss, auch diese Tage hatten ihre gefährlichen Momente, denn Pferde sind schreckhaft. Aber die Freude hat doch überwiegt und diese Erlebnisse kann uns niemand mehr nehmen.

Niemand kann von seinem Partner erwarten, dass er sich niemals verändern wird. Wenn jemand nach 30 Ehejahren noch der gleiche wäre, wie er bei der Hochzeit gewesen war, dann ist er wohl ein Stein. Wir lernen immer etwas dazu unter neuen Umständen. Krankheiten sind auch Umstände, die uns zum Umdenken und zu neuer Orientierung zwingen.

Ich hatte in Vechta eine Frau getroffen, die traurig gesagt hatte: „Den Mann, den ich mal geheiratet habe, den habe ich schon lange beerdigt." Damals haben mich diese Worte in meinem eigenen traurigen Gefühl bestätigt. Inzwischen weiß ich es besser. Mein Mann hat eine lebensbedrohliche Störung durchlebt und überstanden. Niemand kann unbeschadet daraus hervorgehen. Unser Matthias hat wohl das richtige Gespür, wenn er seinem Vater dankbar ist, dass er sich nicht „einfach davon gemacht hat".

Ich erlebte zunächst eine starke Anspannung bis zum äußersten Punkt. Aber dann hat sich dieses überspannte Maß langsam wieder gelöst. Wir hatten Gregor zurückbekommen. Doch alles war jetzt anders, er und ich und die ganze Familie. Und wir mussten alle lernen, mussten neu auf einander zugehen, zuhören, Worte finden, Geduld haben. Aber dann, als wir es angenommen hatten, war alles so natürlich und selbstverständlich, wie es in jedem Garten ist: Es fing an wieder zu wachsen, sich langsam zu verändern und auch Früchte zu bringen – bei wechselndem Wetter, natürlich.

Ich habe gelernt, dass Liebe etwas ist, das viele Facetten hat.

Zeitweise fühlte ich mich wie eine Mutter ihrem Kind gegenüber. Manchmal war es mir, als wäre ich nur eine Beschäftigungstherapeutin und Krankenschwester. Manchmal erinnerte mich unsere Beziehung auch an jemanden, der ein krankes, altes Pferd geduldig auf seiner Weide grasen lässt, in dem dankbaren Erinnern, dass es früher viel gearbeitet hat. Doch oft musste ich mich auch wehren gegen ihn, gegen ein Übermaß an Kontrolle und Vorschriften, die mein Leben einzuengen drohten und die Gregor so wichtig waren für seine Orientierung und seine Sicherheit. Es ist mir aber klar, dass gerade Gregors Charaktereigenschaften,

sein starker Wille, sein Durchhaltevermögen und sein Mut uns so sehr hilfreich waren und sind. Jede Charaktereigenschaft hat nicht nur eine schlechte, sonders auch ihre gute Seite.
Und so empfinde ich in der letzten Zeit ganz neue Momente der Begegnung als „Ich und Du" wie wir sie früher noch nie so intensiv erlebt haben.
Wenn es stimmt, dass es Liebe ist, wenn man dem Anderen das gibt, was er braucht, so kann ich versichern, dass ich das nach Kräften getan habe.
Dabei konnte ich mich selber auch verändern, weiter entwickeln. Ich habe gelernt, eigene Entscheidungen zu treffen, für mich persönlich zu sorgen, mir Freude und Entspannung zu verschaffen. Ich weiß jetzt auch, dass ich selbst für mein Zufriedensein verantwortlich bin.
Insofern waren diese letzten elf Jahre unseres gemeinsamen Lebens für mich eine sehr wichtige Zeit. Unsere Liebe ist in dieser Zeit gewachsen. Ich bin Gott dankbar dafür.
Bei allem ist es mir bewusst, dass das Leben weitergeht, dass vor uns noch ein Stück Weges zu bewältigen ist. Ich hoffe, dass unsere letzten Erfahrungen uns dabei helfen werden, „das zu ändern, was wir ändern können und das anzunehmen, was nicht zu ändern ist."

Renate Bergmann

DIE KLEINEN SCHRITTE

Es sind nun 11 Jahre seit meiner Gehirnblutung vergangen. Es waren schwere Jahre, in denen meine Frau und ich viel Geduld, aber auch den Willen und den Mut zum gemeinsamen Weitermachen aufbringen mussten. Mein Leben war schlagartig anders geworden, und hat sich dann in kleinen Schritten weiter entwickelt und normalisiert. Natürlich kann ich immer noch nicht so sprechen wie früher und kaum etwas lesen. Ich akzeptiere das.
Als ich im Sommer 1999 aus der Klinik nach Hause kam und mich die Nachbarn vor unserem Haus begrüßen wollten, da wäre ich am liebsten weggelaufen. Ich war nicht in der Lage, einfach zu sprechen. Heute begrüße ich problemlos die Leute. Wenn mir das passende Wort nicht einfällt, dann schmunzele ich und sage:

„Das ist meine alte Aphasie. Es klappt heute nicht richtig!“ Ich muss auch noch an den Dachdecker denken, der damals unser Glasdach reparieren sollte. Mit einigen stockenden Worten versuchte ich, ihm den Fehler zu zeigen. Es waren falsche Wörter, der Mann verstand mich nicht. Renate musste helfen. Heute kann ich wieder selber mit Handwerkern sprechen. Es geht langsam, aber es geht. Manchmal ärgere ich mich auch noch, z. B. weil mir die täglichen Nachrichten im Fernseher zu schnell vorüberrauschen, und ich nicht alles verstehen kann Dann wünsche ich mir eine spezielle Sendung für Aphasiker und alte Menschen, in der langsamer und deutlicher gesprochen wird. Doch im Allgemeinen bin ich heute zufrieden. Ich habe mir mein Leben zurechtgemacht.

Ich habe allerdings auch viel Glück gehabt mit den Ärztinnen und Ärzten mit den Therapeutinnen und Therapeuten. Wenn es nicht so viel Verstehen und so gute Beziehungen gegeben hätte, und wenn sich alle nicht so viel Mühe mit mir gegeben hätten...

Ich weiß nicht, was aus mir geworden wäre.

Ich werde weiter meinen Weg gehen.

Auch in meinen früheren Jahren, die Zeit vor meiner Krankheit, sagte ich zu mir: „Es wird sich alles weisen!“ Ich bin ein gläubiger Mensch und vertraue darauf, dass ich auch in depressiven Tagen Hilfe bekomme und wieder auf die richtige Bahn gewiesen werde.

Wenn ich jetzt mein Buch abschließe, weiß ich, wie unterschiedlich der Krankheitsverlauf gerade am Gehirn sich darstellt. Daher kann und will ich mit meinen eigenen Gedanken niemandem einen Rat geben. Ich wünsche nur von Herzen allen Kranken und ihren Angehörigen den Willen und die Kraft, jeden neuen Tag anzunehmen und an die kleinen Schritte der Heilung zu glauben.

Gregor Bergmann

NACHTRAG

Als Hausärztin durfte ich Herrn Bergmann und seine Ehefrau in der schweren Erkrankung begleiten. Es war für mich beeindruckend, den stetigen Kampfesmut des Ehepaares bei all seiner vorhandenen Verzweiflung sehen zu dürfen und sie zu unterstützen.
Jede Krankheit hat bei all den Schattenseiten etwas Gutes. Es ist, insbesondere zu Beginn einer gravierenden, Lebens einschneidenden Erkrankung schwer, dieses für sich anzunehmen. Familie Bergmann schaute mich auch ungläubig an, als ich mit ihnen dies zu Beginn thematisierte.
Bei all dem Leid, haben der Patient und seine Angehörigen oft nicht die Möglichkeit und Hoffnung sich vorzustellen, dass eine schwere Krankheit auch eine Chance zu positiven Veränderungen sein kann.
Zunächst muss Abschied von vielem Alten genommen werden. Die Entscheidung, den Kampf aufzunehmen und nicht aufzugeben, ist hierbei besonders wichtig und wird ein ständiger Wegbegleiter sein. Erst im Verlauf des lange, anstrengenden und Kräfte raubenden gemeinsamen Weges, erfahren der Patient und seine Mitstreiter, wie sich das Leben völlig ändern muss, aber sie lernen auch, wie sich neue, wertvolle Facetten des Lebens öffnen.

In dieser Beschreibung eines langen Krankheitsweges wird es ergreifend deutlich. Das Buch ist ein Beitrag dafür, anderen Patienten den Mut, die Kraft und die Hoffnung zu geben, die Krankheit anzunehmen und daran zu glauben, dass es sich lohnt zu kämpfen.

Dr. med. Cornelia K. Früh

DANK

all denen,
die uns geholfen haben:

allen Ärzten, Krankenschwestern, Pflegern und Therapeuten
besonders:

Herrn Friedrich Barm, Dipl. Neuro-Psychotherapeut
Vincent Bergmann, Schüler
Frau Dr. med. Cornelia Früh, Allgem. Med., Psycho-Therapie
Frau Elisabeth Hilger, Dipl. Päd.; med. Sprachheilpädagogin
Herrn Dr. med. Hans-Peter Neunzig, Chefarzt Waldklinik Jesteburg
Herrn Dr. phil. Volker Runge; Logopäde, Klinischer Linguist
Herrn Helmut Schmidt